F.-A. VUILLERMET

En avant ! Vers l'avenir.

LA MISSION

DE LA

Jeunesse Contemporaine

LILLE

Bu[illegible]ux de "l'ÉCHO DU ROSAIRE"

38, Rue Jean-sans-Peur

1907

LA MISSION

de la

Jeunesse Contemporaine

Imprimatur.

Cambrai, le 1er Décembre 1906.

A. MASSART,

Vicaire général.

F.-A. VUILLERMET

En avant ! Vers l'avenir.

LA MISSION DE LA Jeunesse Contemporaine

LILLE
—
Bureaux de "l'ÉCHO DU ROSAIRE"
38, Rue Jean-sans-Peur

A la Jeunesse de France,

qui guerroye si vaillamment pour l'Église et la Liberté.

A la Jeunesse du Canada,

qui se prépare aux luttes de l'avenir et veut conserver
à la France-Nouvelle son antique foi,

Je dédie ce livre.

A. V.

« Aimez votre jeunesse, aimez, gardez-la toute ;
Elle est de vos aînés l'espoir et le trésor ;
Portez-la fièrement sans en perdre une goutte ;
Portez-la devant vous comme un calice d'or... »

I

La Mission de la Jeunesse Contemporaine

Au milieu des sentiments qui agitent notre génération, il est difficile de démêler une pensée dominante, tant il y a de confusion dans ses aspirations. Et cependant, si vous interrogez attentivement la masse des jeunes gens, vous remarquerez que chez un grand nombre, il est une pensée commune ; c'est que dans la route nouvelle qui va s'ouvrir derrière les collines marquant les horizons lointains, les jeunes d'aujourd'hui auront un grand rôle à jouer.

Quelle est cette mission de la Jeunesse contemporaine ? — La Jeunesse, c'est, a-t-on dit, l'âge où les horizons paraissent sans bornes, dorés qu'ils sont par les feux du soleil levant d'une existence qui promet longue durée ; c'est l'âge où tout est animé d'une sève printanière, où la vigueur de la vie s'épanouit en de fraîches couleurs ; c'est l'âge des nobles enthousiasmes, des fiers élans et des généreuses aspirations ; où l'esprit s'ouvre aux pensées sérieuses et grandes, le cœur aux sentiments chevaleresques, la volonté aux efforts, à la lutte, au sacrifice ; l'âge enfin où l'on éprouve un besoin intense d'aller en avant, d'agir, de monter, de produire de se donner et de se dévouer.

A cet âge, où tout dans l'âme vibre et chante, il faut un but à réaliser, un idéal, c'est-à-dire, suivant la belle parole du P. Didon « ce quelque chose de supérieur, de transcendant à l'individu ; qui domine la terre ; cette cloche qu'on ne voit pas, mais dont on entend l'appel lointain ; cette lumière divine qui élargit les idées, ce ressort, ce stimulant qui donne à la volonté et à l'activité une force infinie » Non pas un idéal quelconque, mais un idéal répondant à ses plus nobles aspirations, un idéal qui trouve un appel sympathique dans tout son être, vers lequel elle puisse s'envoler à grande aile et pour lequel elle puisse s'éprendre d'un amour ardent.

N'est-ce pas en effet, ce que nous constatons dans l'histoire de cette jeunesse française du siècle dernier, histoire qui ressemble à une épopée, et où nous trouvons des noms qui nous sont chers : Lacordaire, Montalembert, Ozanam et tant d'autres.

En chaque âge de ce siècle, la jeunesse a poursuivi un idéal. Elle l'a d'abord aperçu au milieu des batailles, dans le scintillement des baïonnettes, sous les plis du drapeau noirci par la poudre ; cet idéal, ce fut la gloire. Puis vint l'idéal littéraire : la poésie n'avait jamais eu autant d'admirateurs et de fidèles ; il semblait que toute âme jeune renfermât une lyre harmonieuse que la moindre émotion faisait chanter et surtout pleurer, comme ces harpes éoliennes attachées aux plumes des colombes que le souffle du zéphir ou le vol rapide de ces gracieux oiseaux suffit à rendre sonores.

Presqu'en même temps la jeunesse s'éprit de la liberté : elle l'aima passionnément, non pour ses qualités, mais pour son seul éclat. Hélas ! le mai qu'elle avait planté sur les places publiques en l'honneur de la bien-aimée dura peu ; un coup de foudre le brisa. Dans sa chute, il blessa la jeunesse au cœur et la laissa pour longtemps inerte et sans voix (1).

Après un long sommeil, la jeunesse catholique française s'est réveillée. Partout elle donne des signes d'une extraordinaire vitalité. Elle a retrouvé au fond de son cœur toutes les saintes énergies de la vieille âme française. L'idéal qui la poursuit, c'est celui des preux de jadis. Aujourd'hui comme autrefois, c'est pour le Dieu de ses pères que la jeunesse guerroie dans les plaines de France.

Le spectacle de ces jeunes nous est un précieux réconfort dans les tristesses de l'heure présente. C'est le rayon de soleil après l'orage. Encore quelques vigoureux coups de vent, et bientôt le ciel sera redevenu calme et serein. « Je regarde autour de moi, disait un jour, Monsieur de Mun (2), je vois ces grands mouvements de jeunesse, où toutes les ardeurs de la foi, toutes les ressources de l'intelligence et de l'étude s'unissent au service du peuple, dans une passion d'amour pour lui, dans une recherche de la justice, admirablement sincère et désintéressée, dans une soif inassouvie de conversion des âmes ; je regarde, je compare et je me dis qu'en dépit de ces tristesses, notre temps n'est pas un temps maudit ; je me dis qu'en dépit de nos défaites, nous ne sommes pas des vaincus et que c'est justement cette renais-

(1) Henry REVERDY : *Le rôle de la Jeunesse Catholique*, page 9.

(2) Discours au Cercle du Luxembourg, à Paris, 4 juin 1903.

sance imprévue, cette sève rajeunie, cette inlassable activité qui trouble, exaspère et affole nos éternels adversaires. Je me dis que ceux-là seuls sont à plaindre, que ceux-là seuls sont irrémédiablement déchus qui se résignent à l'impuissance, qui s'endorment dans la mollesse et prennent le repos pour la paix et qu'au contraire, les heureux, les favorisés du sort, ceux à qui l'avenir appartient, ce sont ces hommes de lutte et de combat que les orages de leur temps ont jetés dans la bataille et trouvés tout armés pour elle. »

C'est en toute vérité que la jeunesse contemporaine peut redire ces paroles du comte de Montalembert : « Dans un temps, où nul ne sait que faire de sa vie, où nulle cause ne mérite ce dévouement qui retombait naguère comme un poids écrasant sur nos cœurs vides, nous avons enfin trouvé une cause qui ne vit que de dévouement et de foi. » Cette cause qui a tout le prestige de l'antiquité et tout le charme de la jeunesse, c'est celle de l'Eglise Catholique.

Y a-t-il une cause plus digne de susciter tous les dévouements et d'éveiller tous les enthousiasmes qui sommeillent au fond de toute âme jeune ?

Ce que l'on nous demande, c'est de travailler pour Dieu, de faire respecter ses droits sacrés et de procurer son triomphe dans les différents milieux où la Providence nous a placés ; c'est d'amener au Christ, par nos paroles, par nos exemples, notre persuasion, ces pauvres âmes égarées par la passion, aigries par des doctrines perverses ; c'est d'endiguer par une vie pure et sans reproche le courant de corruption qui menace de tout envahir ; c'est d'être partout sur la brèche, là où l'Eglise est attaquée pour lui faire de nos corps un rempart.

Cette sainte cause, d'autant plus aimée qu'elle est plus attaquée, nos pères, ces héros à la fière et mâle stature, l'ont défendue ; pour elle, ils ont combattu, ils ont fait tous les sacrifices et gaiement ils sont morts. « Savez-vous, demandait un jour le comte de Montalembert à la Chambre des Pairs, savez-vous ce qui sort de toute cette fange qu'on remue contre nous ? Il en sort l'amour fécond, généreux, complet de cette religion qu'on insulte. Et s'il m'était permis de me citer moi-même, pour exemple, et si l'on me demandait à quelle occasion se sont ancrées dans mon âme ces convictions que je viens exprimer devant vous avec une hardiesse légitime, mais inaccoutumée, je dirais que ce fut un jour où, il y a quatorze ans, en 1830, je vis la croix arrachée du fronton des églises de Paris, traînée dans les rues et précipitée dans la Seine, aux applaudissements d'une foule égarée. Cette croix profanée, je la ramassai dans mon cœur, et je jurai de la servir et de la défendre. Ce que je me suis dit alors je l'ai fait depuis, et s'il plait à Dieu, je le ferai toujours. »

N'est-il pas placé bien haut cet idéal qu'on vous propose, bien haut sur les sommets, au-dessus des chemins battus où languirait votre âme ? *In summis excelsisque verticibus, extra viam,* selon la belle parole de la sainte Ecriture. N'est-il pas le seul capable de satisfaire les plus nobles aspirations de votre être ? Votre intelligence qui aspire à la vérité, votre cœur qui aspire à l'amour, votre conscience qui aspire au bien, trouveront là, et là seulement, la Vérité totale, l'Amour éternel, le Souverain Bien, car c'est toujours Dieu que vous trouverez et c'est lui qui donnera pleine et entière satisfaction aux désirs quasi infinis de votre âme. Laissez donc l'Esprit du Christ souffler et emporter vos âmes. Tendez la voile pour en recevoir le souffle en plein, pour aller en avant, plus loin, plus haut. Ce sera un grand jour que celui où la jeunesse contemporaine sera entraînée par ce souffle nouveau. Je salue avec émotion l'aurore blanchissante de ce jour, où Dieu, l'Eglise, la Patrie auront trouvé dans l'élite de notre jeunesse, des défenseurs et des apôtres.

En pensant à cette mission de la Jeunesse, il me revenait à l'esprit les beaux vers, où Alfred de Vigny nous fait assister à la mort de Moïse :

> Prophète centenaire, environné d'honneur,
> Moïse était parti pour trouver le Seigneur,
> On le suivait des yeux aux flammes de sa tête
>
> . . . .
>
> Bientôt, le haut du mont reparut sans Moïse,
> Il fut pleuré. — Marchant vers la terre promise,
> Josué s'avançait pensif et pâlissant,
> Car il était déjà l'élu du Tout-Puissant.

Ce Moïse qui s'en va, ce sont les siècles du passé encore tout radieux des lumières de la foi. Cet être plus faible, perdu dans les déserts arides de l'indifférence, égaré par les mirages trompeurs d'une science à qui on demande ce qu'elle ne peut donner, mais surtout fasciné par l'idole du plaisir, c'est notre génération, c'est demain.

C'est la Jeunesse d'aujourd'hui, qui se sent l'élue du Tout-Puissant. C'est à ses oreilles que sans cesse retentit cette parole qui pousse les peuples en avant : Marche ; Marche.

Tout cela, dira-t-on, naïveté, illusion, rêve. Et peut-être, plus d'un vieux repassant silencieusement les longues années de sa vie, et se rappelant combien ont peu donné ceux qui promettaient beaucoup et surtout combien le mal est difficile à enrayer et le bien plus difficile encore à accomplir, sera tenté de redire avec Victor Hugo, dans ses chants du Crépuscule :

> C'est peut-être le soir qu'on prend pour une aurore,
> Peut-être ce soleil vers qui l'homme est penché,
> Ce soleil qu'on appelle à l'horizon qu'il dore,
> Ce soleil qu'on espère est un soleil couché.

C'est une illusion, soit ! mais elle est partagée par des hommes que la réalité de la vie a cependant touchés, et chez qui les rêves enthousiastes de vingt ans auraient dû depuis longtemps s'évanouir. Il n'était plus jeune quand il écrivait ces lignes celui dont le style magique a bercé notre enfance, Chateaubriand : « C'est aux saintes générations de nos enfants à réparer le mal que nous avons fait ; la jeunesse vaudra mieux que nous, si nous prenons soin de lui marquer nos erreurs. » C'est à des jeunes que ce vieux lutteur toujours debout sur la brèche, le comte Albert de Mun adressait ces paroles : « Je crois que nous marchons à de grandes transformations de la société, un nouvel ordre de chose se prépare parmi nous. A vous, chers amis, à vous qui arrivez avec la jeunesse, l'intelligence et l'audace, il appartiendra de conduire cette société nouvelle dans les voies de l'Evangile, à la lumière des dogmes infaillibles de la Foi. Préparons résolument ces transformations sociales : *en avant vers l'avenir* ! Vous êtes la jeunesse catholique, et vous n'êtes pas jeunes pour demeurer assis sur des tombeaux et pleurer sur des ruines. Assez de cœurs meurtris par les désastres passés seront là pour les gémissements et les larmes ; mais à vous de protéger les berceaux et de sauver cet avenir. »

C'est une illusion, soit ! mais l'Eglise elle-même en est victime. Ne fonde-t-elle pas sur la Jeunesse ses plus chères espérances ? C'est là, sa réserve sainte, qu'au jour de la grande lutte elle lancera dans la mêlée. Aussi de quels soins ne l'entoure-t-elle pas ? Est-il une époque où elle ait autant fait pour elle ? Œuvres d'éducation, œuvres de préservation, œuvres d'apostolat. C'est à qui parmi les membres les plus éminents de l'épiscopat et du clergé prodiguera ses plus chauds encouragements aux associations de Jeunes. On sait avec quelle paternelle bonté le grand Pontife Léon XIII, de vénérée et sainte mémoire, accueillait les jeunes gens, qui pleins de confiance dans l'avenir, allaient filialement s'agenouiller à ses pieds, lui demandant de bénir leur dévouement. C'est le même accueil que leur réserve son Successeur. N'en avons-nous pas une preuve touchante dans les audiences qu'il accordait tout récemment aux vaillants délégués de la Jeunesse Française.

« Chaque fois que les auteurs des Livres inspirés viennent à parler des jeunes gens, disait le Saint Père, en réponse à l'adresse de Marc Sangnier, leurs paroles sont remplies d'affection et d'enthousiasme. Sans nous arrêter à tant d'autres passages des Saintes Ecritures que Nous pourrions indiquer, surtout des livres des Machabées, Nous en avons un exemple frappant dans les paroles que le disciple de l'amour adressait jadis, à une société de jeunes gens : « *Je vous écris, jeunes gens, parce que vous êtes forts, que la parole de Dieu demeure en vous, et que vous avez vaincu l'esprit mauvais.* »

Et l'Evangile nous raconte que Jésus-Christ, après un entretien avec un jeune homme, le regardant, l'aima.

« Eh bien, chers jeunes gens, ces mêmes sentiments du

divin Rédempteur, remplissent aujourd'hui notre cœur après avoir écouté l'adresse si pleine d'affection que vous Nous avez présentée ; et puisque vous avez su concevoir des pensées aussi nobles et que vous vous montrez capables d'actions aussi généreuses, laissez-Nous vous dire que Nous vous aimons, et que désormais chacun de vous pourra Nous considérer non pas seulement comme un père, mais comme un ami. »

Quelques semaines après, répondant à une adresse de M. Jean Lerolle, président de l'Association catholique de la Jeunesse française, le Souverain Pontife disait : « Réconforté par les nobles sentiments exprimés dans l'adresse qui vient de Nous être lue en votre nom, Nous remercions le Seigneur qui de temps à autre Nous procure de telles consolations et apporte à Notre faiblesse le courage nécessaire dans les combats que Nous avons à soutenir.

« Car votre protestation est vraiment consolante pour Nous. Elle Nous donne l'assurance qu'au milieu des difficultés dont est tourmentée l'heure présente, Nous aurons à Nos côtés, dans la lutte pour le bien, de très chers jeunes gens qui, unis d'esprit et de cœur à l'ombre de leur bannière où se lit la belle devise, piété, étude, action, Nous conduiront à la victoire. »

C'est une illusion, soit ! mais plût au ciel qu'elle fît beaucoup de victimes, qu'il y eût parmi nous un peu moins de conseilleurs et un peu plus d'ouvriers, un peu moins de jeunes gens qui se croisent les bras, rêvent du passé, gémissent du présent, se désolent en pensant à l'avenir et un peu plus de jeunes à l'âme ardente et généreuse, capables de se dévouer pour la cause de Dieu et le monde serait sauvé.

II

Situation de la Jeunesse Contemporaine en face de cette mission

Ce qu'il y a de plus triste aujourd'hui, disait un jour un ami des jeunes (1), c'est de voir la jeunesse se porter en masse vers les choses frivoles et s'éloigner des sérieuses ; c'est de rencontrer tant d'insouciance et de désintéressement du bien à l'âge des généreux dévouements ; tant d'aspirations basses et de rêves futiles à l'âge des nobles désirs et des élans sublimes ! Comment ne pas concevoir des craintes et des alarmes pour l'avenir d'une telle jeunesse ? Parvenue à la maturité de l'âge, l'habitude de ne considérer que le côté agréable des choses, de n'aimer et de ne rechercher que le plaisir, aura émoussé en elle toute aptitude, je ne dirai pas au bien, mais même à l'accomplissement intégral et consciencieux des élémentaires devoirs de la vie.

Il y a, à notre époque, toute une classe de jeunes gens que que l'on peut appeler : « *Les Inutiles* ».

---

(1) R. P. LAMBERT. *Auteur d'ouvrages estimés.*

Dès leur entrée dans le monde, ils se sont laissés prendre par toutes les bagatelles, toutes les futilités. Ils n'ont jamais rien fait, ils ne font rien. S'amuser et dormir, voilà leur vie. Leur plus belle œuvre est de lire le roman à la mode, suivre les conversations mondaines, courir les fêtes et les théâtres, et si le temps le permet, exhiber dans les rues et sur les places publiques leur petite personne, dont ils auront pris le plus grand soin. Que leur importe toutes ces causes sacrées qui émeuvent le cœur d'une Jeunesse d'élite : la Patrie, l'Eglise, Jésus-Christ. Ce sont là des vies gâchées, où l'on meurt d'ennui ; si tant est que l'on puisse encore appeler cela une vie, car aux yeux de la simple raison, la vie n'est pas seulement un mouvement, elle est aussi une action féconde. Une existence stérile ou remplie de bagatelles est donc la méconnaissance philosophique et la trahison de la vie ; c'est l'abdication de la dignité dont Dieu nous a fait les dépositaires en nous confiant quelque chose de sa puissance ; c'est l'extinction de nos facultés et de nos meilleurs instincts. En effet, cette vie inutile abaisse l'intelligence, car l'esprit se rouille et s'énerve dans l'inaction ; elle abaisse le caractère, car l'habitude de ne rien faire amollit la volonté et détend les ressorts de l'âme, on n'est plus capable d'aucun sacrifice, ni d'aucun effort ; elle abaisse le cœur, car à force ne de plus penser qu'à soi, on devient indifférent à tout, sauf à ses propres satisfactions.

Savez-vous ce que pensent de ces inutiles les hommes, qui parfois, sont si étrangement indulgents pour des vices que Dieu condamne sévèrement, qui ont des sourires de complaisance et des applaudissements pour des entraînements et des faiblesses, que la simple raison déclare être une dégradation de la dignité humaine, ils les appellent *des fainéants et des propres à rien.* Ils n'ont pour eux que du dédain et du mépris.

En jugeant ainsi les inutiles, le monde n'est, peut-être sans le savoir, que l'écho des enseignements de Jésus-Christ.

Un jour, allant de Béthanie à Jérusalem, le Sauveur aperçut de loin, sur le bord de la route, le feuillage verdoyant d'un figuier. Il s'approche pour cueillir des fruits et n'en trouva point. Alors, d'un ton sévère, Jésus dit à cet arbre : « *Nul désormais ne mangera de ton fruit.* » Et le soir même, les disciples étonnés virent le figuier desséché jusqu'à la racine.

Quelle image saisissante de l'inutile ! Que fait-il sur la terre : *ut quid terram occupat* ? Pourquoi tient-il une place que d'autres pourraient si bien occuper ? Pourquoi ces biens dont il jouit et qu'il absorbe à son profit personnel sans rien donner ni produire pour les autres ?

N'est-il pas encore un portrait frappant de l'inutile ce serviteur qui reçoit un talent et va l'enfouir dans la terre au lieu de le faire fructifier ? Qu'a fait le Christ ? Il s'est indigné contre ce serviteur, l'a accablé de reproches et l'a maudit. Ainsi en sera-t-il de l'inutile, il s'en ira accablé du mépris des hommes et de la malédiction du Ciel.

Et puis se condamner volontairement à l'inutilité, n'est-ce pas un crime impardonnable pour un jeune homme, un crime contre l'essence même de la Jeunesse, cet âge où la vie est à son maximum d'intensité. « La Jeunesse, c'est l'âge où l'on rêve de grandes choses ; l'âge des illusions généreuses et des amours ardentes, des passions vives et des enthousiasmes faciles ; c'est l'âge de l'élan impétueux qui ne connaît pas d'obstacles ; l'âge où l'on croit au bien plus qu'au mal, où les espérances ne connaissent ni bornes, ni déceptions; c'est l'âge où l'on adore quelque chose, le Dieu vrai ou les dieux faux, mais où l'on meurt volontiers pour ce qu'on adore sans calcul et sans regrets. » (1)

Quelles sont les causes de cette maladie de la Jeunesse contemporaine ? — Elles sont multiples, mais heureusement faciles à démêler, car rien n'est moins compliqué que l'âme d'un jeune homme.

Faisons la part des choses et admettons que bon nombre de jeunes gens ne savent que faire de leur vie, ne savent comment utiliser pour le bien les immenses ressources dont ils disposent, uniquement parce qu'ils ont manqué de direction ; ou bien encore parce que, sans le vouloir, par timidité ou par crainte, s'y sont soustraits. Mais combien d'autres ne peuvent invoquer cette excuse. Souvent en effet, on les a sollicités, mais en vain, de mettre au service de la cause de Dieu les riches facultés dont ils sont doués.

Les uns à peine au début de leur carrière, au premier banc de mousse qui les a invités au repos, se sont arrêtés et, adoptant la commode et décevante conclusion de l'impie Renan, ils ont dit : « C'est inutile de se donner tant de mal pour n'arriver qu'à changer d'erreur. Amusons-nous puisque nous avons vingt ans. »

Alors qu'est-il arrivé ? Il est facile de le deviner, par conséquent inutile de le dire longuement. Entraînés dans le tourbillon de la vie mondaine et attirés par la fascination

(1) P. DIDON. O. P. *L'éducation présente.* — Chez Plon.

des plaisirs, ils ont perdu de vue cet idéal, qui un moment peut-être avait séduit leur âme encore pure. Ils en sont arrivés à ne plus croire qu'au plaisir, à l'intérêt. Ne leur parlez plus de ce qui à l'heure actuelle passionne l'élite du monde, ils n'en ont que faire. Ce pourrait être une gêne, un trouble dans leur vie. Ravagés qu'ils sont jusqu'à la moelle par le plaisir, ils s'en vont grossir la race des égoïstes. La flamme de l'enthousiasme est éteinte en eux. Ce ne sont plus des jeunes gens, sinon par l'âge ; ce sont des sceptiques, des blasés ; des vieux avant le temps. On peut en toute vérité leur appliquer ces vers d'un poète :

> C'était l'homme vieilli des races séculaires,
> Fils de la lassitude et des labeurs déçus.
> Et qui, désabusé des dons qu'il a reçus,
> A des printemps plus froids que des hivers,

Chez d'autres, bons dans le fond, solidement chrétiens, vertueux même, on trouve une autre maladie également contraire à la nature de la jeunesse, on l'appelle d'un nom un peu barbare : *le pessimisme.* Lorsque vous leur parlez d'apostolat pour le bien, vous surprenez sur leurs lèvres, à chacun de vos arguments, un décourageant *à quoi bon.* Nous n'arriverons à rien. D'autres ont essayé et ils ont échoué. Nous ferons notre devoir, disent-ils, mais nous laisserons les autres agir à leur guise.

Avec ce point de départ, les grands patriotes, les saints, les apôtres eux-mêmes n'auraient rien fait. Personne n'a la prétention de vous demander de tout refaire. Ce que l'on veut de vous, c'est que vous essayiez de faire quelque chose et d'aller jusqu'au bout du possible, c'est de travailler en homme de cœur. Soyez bien persuadés qu'il y a beaucoup à faire et que vous en particulier vous pouvez faire quelque chose. Ce quelque chose vous ne l'accomplirez pas en vous croisant les bras et en répétant du matin jusqu'au soir, d'une voix plaintive et larmoyante, ces paroles d'un de nos grands poètes : (1)

Combien de temps, Seigneur, combien de temps encore,
Verrons-nous contre toi les méchants s'élever ?
Jusque dans ton saint temple, ils viennent te braver.
Ils traitent d'insensé le peuple qui t'adore.

Vous ne parviendrez à enrayer le mal et à promouvoir le bien qu'en agissant virilement, sans compter sur un sauveur imaginaire.

Vous objecterez peut-être que votre dévouement sera inutile, car que peuvent les bons, si peu nombreux, contre la masse des indifférents et des hostiles A cela je vous répondrai que « c'est au petit nombre à commencer, à exceller ; il ne faut pas attendre qu'une chose soit devenue commune et banale pour s'y mettre ; ceux qui ne savent que faire comme tout le monde sont bons à grossir la troupe en marche; il faut des initiateurs, il faut des chefs ; il faut des hommes résolus qui commencent petitement, modestement, mais avec une vue nette et une indomptable confiance ; ils vont loin, et ils entraînent et guident les autres ; ils créent un mouvement d'opinions, un mouvement d'idées, ou une œuvre d'autant plus durable et efficace que les débuts sont plus humbles et les premiers efforts plus précis dans la sphère restreinte où

(1) RACINE. — *Athalie.*

ils s'accomplissent. Savoir faire avec des vues hautes et amples des choses précises et d'abord petites, c'est le secret de faire grand et de durer » (1).

D'autres au contraire se renferment dans *un optimisme béat.*

Tout est parfait, vous affirment-ils avec assurance. Le bien à faire, mais il est fait ou tout près de se faire. Jamais le monde n'a été meilleur. Sans doute, il y a bien quelques désordres ; l'Eglise est attaquée, mais il en a toujours été ainsi. Et puis c'est le bon Dieu qui permet cela pour notre bien.

« Ah ! les partisans du bien accompli, endormis au murmure de ces louanges rétrospectives ! les heureux philosophes du laisser aller ! les paresseux passionnés du *statu quo* ! les douces âmes qui veulent croire au bonheur des autres pour y trouver le leur ! » (2).

Lorsque le calme règne, que le soleil luit, qu'il n'y a pas de souffle dans l'air, et que les feuilles mêmes des arbres ne tremblent pas, je comprends qu'on reste immobile. Mais quand des doctrines perverses surgissent et quand le sol tressaille, on a beau fermer les oreilles, ses clameurs nous frappent et ses secousses nous ébranlent malgré nous. Aujourd'hui, toutes nos croyances sont publiquement attaquées ou sourdement minées ; tout ce que nous aimons est honni et bafoué ; nos dogmes, notre culte, nos institutions, notre histoire, nos grands hommes, nos saints, rien n'échappe à la critique, au mépris, à l'insolence d'un grand nombre. Ce

(1) OLLÉ-LAPRUNE. — *Le Prix de la vie.* — Chez Perrin.

(2) F. KLEIN. — *Autour du Dilettantisme.*

n'est donc plus le temps de rester immobile. A d'autres époques, l'abstention peut être excusable, mais dans les circonstances graves et critiques que nous traversons, elle devient un crime. A l'heure présente notre devoir est de nous lever, de nous tenir prêts à combattre les grands combats de Dieu.

A côté de cette jeunesse qui ne rêve que plaisir et repos, il en est une autre, l'espoir de l'Eglise et de la Patrie, et celle-là, elle ne rêve que lutte et dévouement. La vision entrevue d'un rôle à jouer excite son ambition, son enthousiasme. Elle ne veut pas qu'on puisse jamais lui adresser ce sanglant sarcasme :

Donnez-moi vos vingt ans, si vous n'en faites rien.

Elle veut travailler à l'extension du règne de Dieu, au relèvement de son pays, et à cette sainte cause elle veut consacrer ses talents, son activité et s'il le faut sacrifier sa vie. Son idéal est celui qui faisait battre le cœur de cet admirable jeune homme qui s'appelait Charles de Montalembert : « Pourquoi nos concitoyens ne diraient-ils point sur nos tombeaux : Ils ne vécurent point pour eux mais pour leur patrie ? Pourquoi ne pas nous sacrifier pour nos concitoyens, aujourd'hui que le dévouement est une qualité si rare, le vrai civisme une fonction si peu recherchée ? Pourquoi ne pas mériter cet éloge, le plus beau qui puisse sortir de la bouche des hommes ? En vivant pour notre patrie, nous aurons obéi à la loi de Dieu, qui nous ordonne de nous aimer les uns les autres ; et comment pourrions-nous mieux aimer nos concitoyens qu'en leur dévouant notre vie entière? Nous aurons ainsi vécu pour ce qu'il y a de plus beau, de plus grand dans le monde, la religion et la liberté. ».

« Nous aimerons Dieu de tout notre cœur et notre prochain comme nous-mêmes. Dans un siècle où l'on méconnaît les vérités sublimes du christianisme et où l'on se joue de ses mystères, nous sacrifierons toutes nos inclinations, nous surmonterons toutes les oppositions pour lui rester fidèles. Nous observerons exactement les lois divines, et le respect humain ne nous entraînera jamais à des complaisances coupables. Nous tâcherons de pratiquer une charité universelle, et les malheureux seront toujours l'objet de nos soins et de notre compassion. Sincèrement convaincus, nous bannirons de nos esprits les doutes que pourrait y élever une raison faible et orgueilleuse ; mais aussi, courbés humblement devant le Dieu qui nous a créés et qui nous a rachetés, nous résisterons avec une fierté légitime à l'influence criminelle de ceux qui, sous le voile d'une religion d'indulgence et de paix, tenteront de faire triompher leur ambition et leurs préjugés funestes.

« La liberté sera notre seule passion ; nous ne cesserons jamais de travailler pour l'établir et la consolider dans notre patrie. Nul sacrifice ne nous coûtera dès qu'il s'agira de la défendre. Pour elle, nous saurons triompher de tous les obstacles que pourront nous opposer nos liaisons de famille ou notre intérêt personnel. Elle sera le but de notre vie entière ; *nous nous livrerons avec une ardeur infatigable à toutes les études qui nous rendront plus éclairés et plus propres à le servir, et, s'il faut des martyrs, une pareille mort sera pour nous une récompense.* En vivant pour notre patrie, nous aurons vécu pour Dieu ; et quand on a vécu pour Dieu et sa patrie, on peut mourir sans douleur comme sans honte »(1).

(1) MONTALEMBERT. — *Lettres à un ami de collège.*

Cet idéal est beau, jeunes gens. Gardez-le ! Il est le seul digne de vous à qui Dieu a donné des talents, qu'il a marqués du signe du courage et du sacrifice, de vous qui êtes les frères des martyrs, l'élite intellectuelle et morale de notre pays.

Si vous voulez le conserver intact, bannissez de votre âme, cette triple puissance dissolvante du scepticisme, de l'optimisme, du pessimisme. Car pour travailler à faire du bien, il faut essentiellement croire au bien, et le sceptique n'y croit pas ; il faut croire qu'il y a du bien à faire, et l'optimiste le croit déjà accompli ; et enfin il faut croire que ce bien à faire est possible, et le pessimiste le croit impossible.

Gardez dans votre cœur plein de juvéniles et saintes ardeurs la flamme sacrée de l'enthousiasme sans lequel il est impossible de se donner tout entier à une cause.

Amis le jour viendra des victoires complètes.
Si de l'enthousiasme on garde encore le feu.
Brisés, vaincus, servons, comme de grands athlètes,
Jusqu'au dernier soupir, servons la France et Dieu.

III

L'Apostolat Moderne

Le peintre Detaille nous a laissé un tableau intitulé *le Rêve*. Je l'aime, car il est pour moi la vivante image de la situation de notre jeunesse, qui, elle aussi a son rêve.

C'est la nuit. Les soldats couchés dans la plaine, enveloppés dans les plis de leurs manteaux, dorment d'un tranquille sommeil. Au bivouac, tout est calme. Le drapeau soigneusement plié, repose au sommet de deux faisceaux d'armes.

« Dans le lointain au-dessus des têtes endormies, d'innombrables bataillons apparaissent. Les étendards flottent au vent ; les épées brillent dans le demi-jour du ciel ; la lutte s'achève, les ennemis sont en fuite. C'est le rêve de la victoire. »

Dans l'enthousiasme de nos jeunes années, au récit des maux de l'Eglise et de la Patrie, combien de fois n'avons-nous pas rêvé de nous dévouer à la défense et au triomphe de ces saintes causes

A chaque attentat nouveau contre le droit et la liberté,

nous bondissions, prêts à fondre sur les auteurs de ces méfaits. Au récit des sacrifices, des exploits accomplis pour *la cause* du bien par cette vaillante légion de jeunes gens, l'honneur et l'espoir de notre pays, en ces jours de crise et de désarroi, nous nous disions intérieurement : moi aussi, je serai apôtre, je ferai du bien, et, nous soupirions après cet instant où enfin, dans la pleine possession de nos facultés et de notre liberté, nous pourrions entrer dans la lice et batailler ferme contre les mécréants.

Pour devenir un apôtre, suffit-il de le vouloir ? -- Un apôtre ne s'est jamais improvisé et ne s'improvisera jamais. Pour ce dur métier, il faut, et cela est plus nécessaire en notre temps qu'en aucun autre, il faut un apprentissage. L'action du missionnaire sera profonde, efficace, dans la mesure même de sa préparation.

Dans l'enfièvrement de notre monde moderne, n'oublie-t-on pas trop facilement cette vérité ? Il est nécessaire d'aller vite, dit-on : la marée montante du mal menace de nous submerger, l'ennemi avance, il faut se jeter en travers de sa route pour l'arrêter.

Sans doute, le temps presse. Le temps n'est plus aux discussions irritantes, aux lamentations stériles, il est à l'action. Si nous ne savons pas opposer une prompte et énergique résistance, nous sommes perdus. Mais, est-ce une raison pour se lancer sans préparation, à corps perdu, dans la mêlée, comme le font certains jeunes gens à peine sortis des collèges ? Evidemment non. Ils pourront faire du bien, je ne le nie pas et j'en connais qui même ont fait de vraies merveilles. Il est cependant une chose incontestable, c'est que nous ferions beaucoup plus de bien, si nous voulions retarder un peu notre entrée dans la vie active, pour nous initier au rôle social que nous sommes appelés à jouer.

Une préparation à l'apostolat est donc nécessaire. — En quoi consiste-t-elle ? Pour le savoir, demandons-nous ce que c'est qu'un apôtre.

« Si je voulais le peindre en quelques traits, disait un jour le Père Didon, je dirais de lui : c'est à la fois un voyant, un soldat et un martyr ; il est fait de lumière, d'énergie et de générosité ; il parle comme un voyant, il lutte comme un soldat, il meurt comme un martyr. Pas d'apôtre sans une haute clairvoyance des grands mystères de l'Infini. N'est-il pas l'homme qui doit nous *« révéler à tous l'économie du sacrement caché dans l'éternité en Dieu. »* Mais pour propager la vérité, il faut bien qu'il la comprenne et qu'il en ait le sens profond. S'il ne la voyait pas dans sa splendeur, comment pourrait-il être ravi par elle ; et où s'allumerait cet enthousiasme qui fait de lui une nature de feu ? La vérité le domine par-dessus tout : elle devient en lui une conviction indomptable, il sait l'art de *« réduire sous le joug de la foi les esprits les plus rebelles »*, l'art de charmer, d'émouvoir, de persuader et de convaincre. Il est le tacticien et le stratégiste habile de la doctrine. Dans d'autres intelligences, la doctrine est comme une étincelle sous la cendre, dans l'intelligence apostolique, elle est comme un volcan. Aussi est-il dit de saint Paul, le type des Apôtres, qu'il a été ravi au troisième ciel, et qu'il y a entendu des arcanes intraduisibles en langue humaine. Tous ceux qui suivent les traces d'un tel maître n'ont pas été ravis sans doute à de telles hauteurs ;

mais, soyez-en sûrs, si un homme n'a pas entendu quelque écho de l'éternité, s'il n'a pas entrevu, quoique à travers un nuage, quelque rayon du soleil de Dieu, cet homme ne sera jamais un apôtre. »

L'apôtre doit être avant tout un homme de lumière. — N'est-ce pas de la lumière que demande notre génération assoiffée de vérité. Longtemps elle a erré de système en système et qu'y a-t-elle trouvé ? L'émancipation, la grandeur qu'elle rêvait ? Non ; mais le désenchantement du cœur, le démantèlement de la conscience, avec le débordement des mœurs qui en est le résultat.

Fatiguée de ces doctrines qui entraînent avec elle tant de déceptions, de souffrances et de honte, fatiguée de courir sur une route poussiéreuse dont elle ne voit pas et ne pressent même pas l'issue et où tout est insécurité, elle s'est arrêtée. Couchée le long du chemin, sous un ciel triste et voilé, saisie par le froid, elle attend que le bon Samaritain vienne panser les plaies de sa pauvre intelligence et lui apporte un peu de nourriture.

De la lumière, on en réclame partout, en politique, en science, en sociologie, dans l'étude des choses religieuses ; et, c'est à nous, apôtres catholiques, d'entendre cet appel déchirant et plaintif des âmes contemporaines et de faire luire devant leurs pauvres yeux enténébrés, cette lumière, si ardemment désirée. Si plusieurs, aveuglés par la poussière de nos luttes ou étourdis par le bruit des batailles qui se livrent chaque jour plus acharnées sur notre sol, ne voyaient pas poindre à l'horizon cette aurore des temps nouveaux, je leur demanderais de lire l'ouvrage si réconfortant du vénéré

Mgr. Baunard, qu'il a justement intitulé « *Espérances* » et la conférence donnée à l'Université anglaise d'Oxford, en 1902, par le Père Sertillanges, sur « *la Situation présente du Catholicisme en France, au point de vue intellectuel* » ; je suis persuadé qu'une pleine et entière conviction naîtrait dans leur esprit.

L'apôtre a besoin encore de lumière pour le guider dans son action. — Comment, sans elle, notre action pourrait-elle être efficace et répondre aux besoins si spéciaux de notre temps ? Sans lumière, nous agissons au hasard, nous dépensons le meilleur de nos forces en pure perte, et avec la meilleure bonne volonté nous nous exposons à d'épouvantables mécomptes et quelquefois même à tomber dans de lamentables erreurs. Combien de jeunes gens ne rencontre-t-on pas aujourd'hui, qui, peu au courant des questions religieuses et sociales, sous prétexte d'attirer à eux, sacrifient les principes les plus essentiels du christianisme, ou, s'ils ne les abandonnent pas, s'efforcent de les accommoder au goût de l'époque, oubliant que si, à l'exemple de notre divin Maître on doit être charitable et miséricordieux pour les personnes, pour le mal on doit être d'une intransigeance absolue. Les demi capitulations font plus de tort à la cause de la vérité que l'erreur elle-même.

Soyons ennemis des ténèbres. « Dans les ténèbres, on ne sait pas où l'on va, on ne sait pas ce que l'on fait ; on se heurte, on se blesse à tout ; on brise sans le vouloir des existences précieuses ; on écrase les choses délicates, des fleurs qui ne se relèveront plus, des plantes qui seraient devenues des arbres Dans les ténèbres, on suit l'ornière, ou le ruisseau ;

on piétine dans la boue, parfois dans le sang. Dans les ténèbres, on recule croyant avancer. » (1).

Faire de la lumière dans les esprits, n'est-ce pas le meilleur moyen, j'allais dire l'unique moyen, de travailler efficacement à la régénération de notre société malade.

« Si le salut doit venir de quelque part, ce n'est pas de tel ou tel bouleversement politique, mais d'un changement d'idées et de doctrine qui rétablirait l'ordre d'abord dans les intelligences ; les doctrines engendrent les faits » (2). « C'est la mentalité même, c'est l'esprit qu'il faut changer... Les changements à opérer pour ramener parmi les hommes le règne de Dieu sont des changements intérieurs, des conversions de l'esprit. Ce n'est pas par une législation, par des combinaisons politiques que l'on peut obtenir de pareilles conversions ; la majorité passât-elle de gauche à droite, des anticléricaux forcenés aux cléricaux les plus résolus, l'œuvre ne serait même pas commencée ni ébauchée, à peine peut-être serait-elle plus aisée. » (3) Les esprits légers seuls croient volontiers que les principes sont inutiles, « qu'il vaut mieux se livrer, pour diriger la vie pratique, à ces bonnes ruses au jour le jour qui font la joie des esprits *positifs*.C'est une erreur très grave. Plus les principes sont élevés, et plus ils sont *principes*, c'est-à-dire plus ils ont d'influence sur les réalités quotidiennes qui en dépendent.

La pression atmosphérique est plus importante pour la vie que les bons repas et que la nourriture frugale elle-même.

---

(1) Abbé KLEIN. — *Quelques motifs d'espérer* : page 284 . — Chez Lecoffre.

(2) Mgr. BAUNARD. — *Espérances.* Préface.

(3) Yves le QUÉRDEC. — *Le Fils de l'Esprit.* — page 24.

La privation de celle-ci serait la mort prochaine ; l'absence de la première serait la mort instantanée ; sans les deuxièmes, on ne se porte que mieux. Ainsi les expédients politiques produisent souvent du mal ; les remèdes politiques ne produisent qu'un bien passager ou factice ; parce qu'ils n'ont qu'une action limitée.

Ce qui a une action profonde, ce sont les grandes notions primordiales. Seulement, il faut qu'elles soient pénétrées et qu'elles conquièrent l'âme de la foule » (1).

N'est-ce pas ainsi qu'ont agi nos grands modèles dans l'apostolat? Qu'a fait le Christ? Il s'est présenté aux hommes comme *la lumière du monde.* Et lui-même nous a dit qu'il n'était venu sur la terre que *pour rendre témoignage à la Vérité.*

Et les apôtres, qu'ont-ils fait pour conquérir les âmes à Jésus ? Ils ont annoncé à toute la terre les paroles de vie tombées des lèvres du Maître. Ils ont été, eux aussi, les témoins de l'éternelle Vérité.

Et les apôtres modernes, ceux que nous admirons auréolés de sainteté, brillant au firmament de l'Eglise, comme ceux que nous voyons agir sous nos yeux dans les rangs du clergé et parmi les laïques, qu'ont-ils été et que sont-ils encore ? Sans doute, des hommes d'action, mais avant tout des hommes de lumière.

Le mouvement catholique qui, avec Chateaubriand, de Maistre, de Bonald, Lamennais, Montalembert, Lacordaire, Ozanam, Gratry et tant d'autres, a jeté un si vif éclat sur le XIXe siècle et a donné comme un regain de jeunesse à la

(1) SERTILLANGES.— *La Politique Chrétienne.* Avant-propos VII.

vieille mais toujours vivante Église de France, après la terrible crise révolutionnaire, n'en est-il pas une preuve ? Que voulaient-ils ces hommes de science, ces hommes de lettres, ces orateurs de génie, ces philosophes et ces historiens, sinon refaire aux hommes de leur temps, une mentalité catholique. Ils ont jeté dans l'âme populaire des principes qui sourdement se sont développés et grâce à cette infiltration lumineuse, la société nous est, un jour, apparue comme transformée. Leur apostolat avait été une œuvre de clarté et une œuvre de doctrine.

La lumière suffit-elle à l'apôtre ? — « Pour gagner des prosélytes, il faut une âme vaillante, prête à toutes les épreuves et à toutes les luttes, une âme robuste qui ne capitule pas, une âme audacieuse qui sache aller au-devant du péril, une âme guerrière en un mot ; car la vérité, la vérité chrétienne surtout, a des ennemis et des ennemis implacables. Vous la possédez : fort bien. Croyez-vous que, pour la répandre, il n'y ait qu'à ouvrir les lèvres, à s'en aller de porte en porte, annoncant aux âmes distraites le Dieu qu'elles oublient ? La parole divine est une semence qui, pour lever et fructifier, a besoin de tempête. Tout s'insurge contre elle : la nature, les événements et les hommes. La nature élève ses barrières, dresse ses montagnes, étend ses mers inexplorées, ses glaces ou ses déserts de feu devant les pas de l'apôtre ; l'homme lui oppose des barrières plus formidables ; ses passions et ses préjugés, ses intérêts et ses haines, le glaive des Césars et la politique de leurs ministres, ses doctrines et son immense corruption... que sais-je encore ? L'homme a tant de ressources contre Dieu. Qui donc vaincra ces ennemis ? Qui dira à la nature : « Ecarte-toi, abaisse tes montagnes ; rapproche tes continents ; ton maître et le mien veut passer. Qui dira aux tyrans, aux peuples, aux multitudes ameutées : « Arrière, il faut que le Verbe de Dieu circule ; on n'entrave pas plus sa vérité, qu'on ne fait échec à sa justice. » Qui dira cela ? Je l'ignore ; mais celui-là sera vraiment apôtre, car il est le soldat de Dieu, et il sait guerroyer pour la vérité » (1).

A l'apôtre, il faut donc une volonté de fer, capable de renverser tous les obstacles, ne connaissant ni la lassitude, ni le découragement, car il devra travailler souvent sans constater immédiatement le résultat de ses efforts. L'apôtre doit être un homme au caractère vigoureusement trempé, ennemi de toutes les lâchetés et de toutes les compromissions, capable de mettre son empreinte sur les hommes et sur les choses. Surtout, il doit vivre dans sa propre vie les doctrines qu'il prêche aux autres. On croit à un apôtre qui se sacrifie, qui s'immole, qui meurt pour la Vérité, tandis qu'on ne croit pas à ces beaux diseurs qui détruisent par leur vie le bon effet de leurs enseignements. Et cela est d'autant plus nécessaire aujourd'hui que, dans beaucoup de milieux, on ne veut plus reconnaître notre désintéressement. Volontiers, le peuple trompé par des écrivassiers et des démagogues sans vergogne, s'imagine que nous nous servons du catholicisme et des réformes sociales que nous préconisons, comme d'un instrument politique pour arriver au pouvoir ou comme d'un moyen un peu vieillot pour sauver nos coffres-forts en danger.

---

(1) R. P. Didon. — *Discours sur l'Apôtre.*

Dans les rapports avec ses semblables, l'apôtre doit être juste et honnête ; en public comme dans l'intimité du foyer, il doit pratiquer avec zèle cette religion qu'il défend dans ses paroles, user de l'argument irrésistible de l'exemple qui confirme si éloquemment l'action. Il doit aller à la foule, avec bonté et simplicité, « avec des sentiments qu'elle puisse accepter et des arguments qu'elle comprenne. On l'a flattée et corrompue d'un côté ; il ne faut pas qu'on la méprise et qu'on la rudoie de l'autre. Il faut l'instruire et la moraliser par la sympathie et la confiance. Il faut lui apprendre où sont ses vrais intérêts, et pour cela se pénétrer soi-même d'un dévouement sincère pour les intérêts populaires. La morgue et l'égoïsme sont vite percés à jour ; le parti pris, en face des revendications justes, c'est le moyen de se faire appeler faux ami. Allons au peuple avec de l'amour dans le cœur, et, même s'il est injuste et nous méconnait tout d'abord, ne nous rebutons pas, soyons les frères même de ceux qui ne veulent pas de notre fraternité, et souvenons-nous de notre divin Maître qui, chassé par les foules Galiléennes, se réfugia en Judée, et, chassé de Judée, se réfugia dans la mort, pour ceux qui l'avaient méprisé » (1).

A ce prix seulement l'apôtre *sera un conquérant, un véritable sauveur d'âmes.*

Par ce qui précède, on voit clairement qu'une double préparation s'impose à l'apôtre : *une préparation intellectuelle* qui fera de lui, suivant le mot de saint Jean, *un fils de Lumière*, et *une préparation morale* qui fera de lui *un homme de volonté et de caractère*, un homme honnête et un chrétien sans reproche.

(2) A. D. SERTILLANGES. — *Nos vrais ennemis*, pages 81 et 82.

Dans les pages qui suivent, nous étudions uniquement la préparation intellectuelle, réservant pour un autre volume, s'il plaît à Dieu de bénir nos efforts, l'importante question de la prépréparation morale.

IV

Nature de la Préparation intellectuelle

Vous êtes sortis du collège, où pendant de longues années, — les plus heureuses de la vie, disent les vieillards, — vos jeunes esprits ont été graduellement initiés aux sciences divines et humaines ; est-ce que tout est fini ?

On le croirait à voir l'empressement avec lequel certains écoliers se désaisissent de leurs livres. Il faut absolument se décharger de ce poids insupportable. Aussi les cèdent-ils à bon compte à d'autres écoliers plus jeunes ou se hâtent-ils de les porter chez les bouquinistes, afin d'en recevoir quelques sous, avec lesquels ils pourront, c'est leur propre expression, enterrer royalement leur vie de collégien.

« Parce qu'ils ont obtenu un diplôme de bachelier, parce qu'ils ont passé dix années à épeler le grec et le latin, à admirer quelques chefs-d'œuvre de la littérature ancienne et moderne, à rompre leur cerveau à la dure gymnastique des mathématiques, ils s'imaginent qu'ils sont devenus tout à coup des maîtres, qu'ils n'ont qu'à ouvrir la bouche pour prononcer des oracles, qu'il ne leur reste plus qu'à mettre en avant leur petite personnalité ? Les imprudents ! ils ne tarderont pas à s'apercevoir de leur sottise. Ils comprendront que ce n'est pas à vingt ans qu'on mesure la portée des grandes questions philosophiques qui ont absorbé les plus fiers esprits, qu'on peut sentir la gravité des problèmes dont les solutions ont tour à tour, bouleversé, ensanglanté, pacifié, révolutionné, perverti ou sauvé le monde.

« Ce n'est pas à quinze ans, disait le P. Didon (1), qu'on va mesurer la vie du Christ, prendre les dimensions de ce colosse divin qui remplit et domine l'histoire, embrasser l'immensité des cieux pour savoir ce que Dieu a fait et pour entrevoir dans le développement séculaire de l'humanité, les lois de la Providence ! On ne prête serment pour défendre les lois de son pays qu'à la vingtième année ; c'est tout au plus si, alors, on peut comprendre les profondeurs de la religion. Un homme doit étudier la science jusqu'à cet âge ; mais ne croyez pas *qu'en sortant des écoles, vous soyez des hommes ; vous ne savez rien encore, sinon que vous pouvez en devenir un.* Dites-vous que l'heure est seulement venue d'étudier les grands mystères de l'âme, de regarder en face les mystères insondables de Dieu. Alors, peut-être, vous serez capables de raisonner sur les hautes vérités morales et d'aborder enfin l'interprétation rationnelle de la foi catholique. Car s'il est une chose qui demande pour être étudiée, tout l'épanouissement du cœur, toute la vigueur de l'intelligence, tout l'élan de notre jeunesse ; ce n'est ni la gloire, ni l'ambition, ni l'amour, ni la science, c'est l'immortelle destinée de l'âme ; c'est le Christ ; c'est Dieu ! ».

---

(1) Conférence sur le *Scepticisme*.

Tous,heureusement,ne s'illusionnent pas à ce point de croire que tout est fini après le dernier examen passé. Beaucoup reconnaissent que si au collège on leur a donné les notions qui devront servir de base à toutes leurs études, si on leur a appris à travailler, si on a discipliné, développé et formé leur intelligence, leur devoir est de faire fructifier tout cela. Ils ont la claire vue de ce qui leur manque et sont plus convaincus que jamais de la nécessité du travail. C'est pour eux que ces pages sont écrites. Elles « s'adressent à cet homme de vingt ans, esprit rare et privilégié, cœur encore plus privilégié qui, au moment où ses compagnons d'étude ont fini, comprend que son éducation commence ; qui, à l'âge où l'amour du plaisir et de la liberté, du monde, de ses honneurs et de ses richesses ,entraîne et précipite la foule, s'arrête, lève les yeux et cherche dans l'immense horizon de la vie, au ciel ou sur la terre, l'objet d'un autre amour » (1).

La première question que nous devons nous poser, — c'est la logique qui l'exige. — est celle-ci : *Quelle est la nature de la préparation intellectuelle ?*

De même qu'un homme au point de vue physique n'entre véritablement en pleine possession de ses moyens d'action que lorsqu'il a atteint l'âge viril, de même, au point de vue intellectuel, nous ne pouvons donner, produire quelque chose, avoir de l'influence, qu'au moment où nous aurons atteint ce qu'un savant ami de la jeunesse appelait *la virilité intellectuelle.*

Qu'est-ce donc que la virilité intellectuelle ? — « L'âge

(1) P. GRATRY. — *Les Sources.*

viril est atteint, quand l'être humain est parvenu à son juste développement ; il pourra grandir en excellence, mais il a la taille qu'il ne dépassera plus, sa croissance est finie. Il a la possession, la jouissance de toutes les capacités et de toutes les ressources qui sont dans sa nature. Il a alors de quoi pourvoir à sa subsistance ; il a de quoi se maintenir dans l'existence, parce qu'il est capable de se défendre contre ses ennemis et de lutter contre les obstacles ; il est capable de s'étendre et de s'agrandir ; il peut faire des acquisitions et des conquêtes ; et, enfin, parce qu'il a la vie pleine, il peut propager la vie, il peut produire la vie » (1).

En se servant de cette analogie prise dans l'ordre naturel, nous pouvons comprendre ce qu'est la virilité intellectuelle. C'est la plénitude de la vie de l'esprit. Nous serons véritablement des hommes à l'esprit viril, quand nous pourrons mettre en œuvre toutes les ressources de notre intelligence, quand nous serons capables de penser par nous-mêmes, quand pour former notre jugement, nous ne serons plus obligés de recourir à notre voisin ou à notre journal, quand nous pourrons secouer le joug tyrannique de ces fabricants d'idées qui nous harcèlent de toutes parts. La virilité intellectuelle ne consiste pas à changer de principes à toute heure suivant nos intérêts, mais à avoir des principes bien arrêtés, dont nous nous serons rendu un compte exact, et que, par suite, nous saurons défendre contre les attaques du dehors, des principes dont nous vivrons et que, c'est là le but de toute vie, nous voudrons communiquer aux autres afin de les en faire vivre.

---

(1) OLLÉ-LAPRUNE. — *La Virilité intellectuelle.*

Acquérir cette virilité intellectuelle, doit être le but constant de tous nos efforts, car là, suivant saint Thomas d'Aquin, se trouve la perfection de notre esprit. « La créature raisonnable, dit-il, a ce privilège d'avoir une sorte d'empire sur elle-même ; elle est maîtresse d'elle-même. Tandis que les autres créatures, celles qui ne sont pas raisonnables, sont poussées dans le sens de leur propre opération plutôt qu'elles n'agissent elles-mêmes ; la créature raisonnable, se porte, se pousse librement à son opération propre » (1). Nous sommes des êtres raisonnables, par conséquent des êtres maîtres de nous-mêmes. Et s'il est un domaine, un champ d'action où nous devions revendiquer hautement ce droit, c'est bien celui de l'intelligence.

Comme ils sont rares parmi nous les hommes à l'esprit viril, les hommes qui pensent par eux-mêmes. Le fameux « *magister dixit* » dont on nous a dit tant de mal et qu'on nous représente avec une horreur mêlée de compassion comme le symbole de cette époque de barbarie, d'obscurantisme, où les esprits étaient asservis, n'exerce-t-il pas sur un trop grand nombre de nos compatriotes une tyrannie plus terrible ? Et ces maîtres qui font autorité, ont-ils la valeur de ces géants de science et de lumière, immortelle gloire du moyen-âge ; et les officines où s'élaborent ces jugements sans appel sur les hommes et sur les choses, sont-elles des centres de vie intellectuelle intense comme l'étaient nos vieilles universités d'autrefois ! Dans ce temps où l'on proclame si haut la pensée libre, a-t-elle jamais été réduite en un plus ignoble esclavage ? Les formules toutes faites

---

(1) *Contra gentiles.* lib. III. Cap. CXI.

qui sont répandues à profusion dans notre atmosphère exercent sur nous un incroyable empire. Ce qui fait fortune parmi nous, ce ne sont pas les idées, ce sont les mots, plus ils sont sonores et vides de sens, mieux cela vaut ; c'est avec eux qu'on conquiert le monde, tant la veulerie des esprits est grande. « Ce qui abonde parmi nous, ce sont les parleurs, les hommes qui écrivent ou plutôt qui font de la plume et de la parole un métier. Il n'est presque pas de prétendu lettré, qui ne se mêle de traiter de tout, sans avoir rien étudié. Nous avons ce qu'on pourrait appeler les stylistes. Que savent-ils ? écrire des phrases ou les parler. Ils ont des moules tout faits, et ils y coulent n'importe quoi. Tel écrivain qui sait peut-être son catéchisme se croira en mesure et en droit de traiter les plus hautes questions religieuses, comme s'il avait pâli dans la science théologique. Tel monsieur qui n'a jamais fait la guerre qu'avec des soldats de plomb ou sur le papier, se mêlera de parler stratégie comme un vieux général. Tel journaliste ou tel romancier qui devraient se contenter de rédiger des bulletins politiques ou de nouer d'imaginaires intrigues, joueront à l'homme d'état ou au réformateur. Le plus triste c'est qu'on prend ces gens-là au sérieux. »

Il est difficile, il faut en convenir, de ne pas se laisser influencer par ces rois du jour, surtout lorsque avec l'audace de la parole, ils possèdent la force.

Beaucoup, devant un homme, le ventre chamarré d'or, la poitrine constellée de décorations multicolores, dogmatisant sur toutes choses, avec d'autant plus d'assurance qu'il en ignore le premier mot, beaucoup, dis-je, doutent d'eux-mêmes et s'imaginent que ces gros messieurs pourraient bien avoir raison.

D'autres se laissent dérouter par l'attirail scientifique, par tout un fatras de formules et de chiffres, auxquels ils ne comprennent rien. Les affirmations les plus baroques, ainsi attifées, les impressionnent.

Comment, malgré tout cela, atteindre cette virilité intellectuelle qui nous permettra de conserver assez de liberté d'esprit, pour démêler dans ce gâchis de mots, ce qu'il y a de vrai et de faux ?

Nous savons comment l'homme arrive au développement de l'âge viril. Il donne à son corps des soins multiples, il lui donne la nourriture, le vêtement... La loi est la même pour l'intelligence.

Si nous voulons que notre intelligence atteigne son plein épanouissement, procurons-lui les soins et la nourriture qu'elle réclame. Le pain de l'intelligence, ce sont les idées. Ces idées nous devons les acquérir, car elles ne viennent pas en nous toutes seules, nous devons nous les assimiler, en vivre.

Acquérons des idées, le plus d'idées possible. Le conseil est de saint Thomas d'Aquin : « Entassez dans votre esprit, dit-il, le plus de connaissances possible ». Non pas des connaissances superficielles, mais exactes, précises. Ne nous complaisons pas dans le vague et le nébuleux des formules qu'on n'a jamais comprises et qui, souvent, ne veulent rien dire. Le brouillard n'est pas bon pour l'intelligence, et comme le dit Malebranche : « Rien n'est plus sûr que la lumière. » Dans nos études, ne soyons contents que lorsque nous avons vu, compris. Tâchons de pénétrer la vérité, ayons l'ambition d'aller toujours plus loin, d'atteindre le fond des choses autant que l'esprit humain peut y atteindre.

Nous devons voir clair pour nous et aussi pour ceux que nous avons mission d'éclairer.

Il y a dans l'esprit de nos contemporains tant de doute et tant d'objections, c'est à nous de les dissiper. Quelle impression désastreuse nous faisons à ces pauvres affamés de vérité qui viennent nous demander la lumière, si nous ne pouvons pas la leur donner, ou si nous ne la leur donnons qu'imparfaitement. Ils s'en vont le doute plus enfoncé dans l'âme, et peut-être sommes-nous la cause de l'éloignement définitif de ces intelligences, dont la démarche prouvait au moins la bonne volonté. Quelle terrible responsabilité ! pouvoir engendrer des âmes à la vie, et par sa faute, leur donner le dernier coup qui, à tout jamais, les précipite dans la mort !

Travaillons à donner à ces âmes, non pas seulement des notions exactes et sèches, mais efforçons-nous de faire vivre la vérité sous leurs yeux, de la leur montrer dans toute sa beauté et, par suite, de la leur rendre aimable ; pour cela, il faut, non seulement la pénétrer, mais surtout s'en pénétrer.

Il faut acquérir des idées, c'est là notre tâche principale ; il est de plus très nécessaire aujourd'hui de connaître l'erreur pour la réfuter. Dans ce commerce avec les objections modernes, nous devons apporter la plus grande circonspection Il n'est pas inopportun de mettre sous les yeux des jeunes gens le sage conseil que donnait, il y a quelques années, M. Ollé-Laprune : « Pour agir sur ce temps, disait-il, il faut le connaître. Pour agir sur les intelligences, nous pourrions être tentés, surtout dans les commencements, de faire connaissance avec l'objection, avec la difficulté, avec l'erreur, avant d'avoir fait suffisamment connaissance avec la doctrine elle-même. C'est cela qui est extrêmement périlleux.

Il faut connaître les objections contemporaines telles qu'elle sont, les difficultés contemporaines, mais il ne faut pas se hâter de faire connaissance avec l'erreur, sous prétexte de la guérir, de la réfuter, avant d'avoir commencé par s'être procuré une connaissance profonde de la vérité ; car il se trouve que la vérité bien connue permet de tout approfondir, elle permet d'entendre l'erreur et le remède à l'erreur, tandis que la familiarité avec l'erreur toute seule ne fait que nous rendre assez incapables de nous rendre compte de la vérité, de la reconnaître. Il faut donc s'enfoncer, dans la doctrine, non pas pour ne plus rien connaître du temps présent, mais pour mieux le connaître, mieux le comprendre, mieux en avoir l'intelligence. »

Si nous invitons fortement les jeunes gens à nourrir d'idées leur esprit et à s'efforcer de penser par eux-mêmes, nous devons cependant les mettre en garde contre deux écueils, où s'ils ne résistent pas aux entraînements du courant, viennent se briser ceux qui commencent à étudier.

« Penser soi-même, oh ! que c'est difficile et qu'il y a ici un danger... La première fois que le jeune homme a une pensée qu'il croit sienne, il demeure ravi, il l'admire, et tout le reste risque d'être bientôt pour lui comme non avenu ; c'est un enchantement, c'est un éblouissement : quelques esprits faibles n'en savent pas revenir... Oui, jeunes gens, vous êtes à cet âge, où pour rappeler la belle parole de Malebranche « *un flambeau paraît plus grand qu'une étoile.* » Ce petit flambeau, vous pouvez l'allumer vous-mêmes par vos labeurs intellectuels, et, comme il vous semble bien vôtre, vous êtes exposés à le croire plus grand qu'une étoile » (1).

Ne nous laissons pas ainsi griser. Sachons reconnaître qu'avant nous, il y a eu des hommes qui, eux aussi, ont pensé par eux-mêmes, qu'à côté de nous il y en a encore ; et au lieu de nous isoler dans un sot et béat orgueil, mettons-nous dans le rayonnement de ces grands esprits. Allons à leur école, ils nous feront part de leurs découvertes, ils nous initieront à leurs méthodes.

Il n'y a pas à rougir de ce fait, que nous avons besoin de l'enseignement des autres. C'est une loi universelle. « Si l'on apprend certaines choses sans maître, une science ne s'apprend, une éducation ne s'achève qu'avec l'aide de maîtres. Personne n'est à soi-même son maître, quel que soit son génie : le génie livré à soi-même est riche de défaillances autant que de découvertes. Au génie même, il faut des hommes sûrs de leur méthode et des études méthodiquement conduites. Il lui faut des maîtres pour arriver à son plein épanouissement. Le principe d'autonomie doit donc toujours se compléter par le principe d'autorité : cela est nécessaire, cela est normal, dans l'apprentissage du savoir et de l'art, comme dans la vie de famille ou dans l'Etat » (2).

Si nous étions plus soucieux de nos véritables intérêts, loin de nous isoler, de nous renfermer en nous-mêmes, nous irions aux autres, afin de profiter de leur expérience et de leur science. Ne négligeons aucun moyen propre à élargir et à fortifier notre pensée. Autant que possible, avec pru-

---

(1) OLLÉ-LAPRUNE. — *La Vitalité Chrétienne*, page 119.

(2) St-Thomas D'AQUIN. — *De Veritate* Quest. XI art. 2.

dence toujours, tenons-nous au courant du mouvement intellectuel. Un conférencier qui a un nom dans la littérature, les sciences ou les arts, vient-il dans notre ville, allons l'entendre. Ne laissons pas envahir les amphithéâtres des facultés seulement par des femmes qui viennent exhiber leur toilette, tandis que la plupart des étudiants flânent sur les boulevards. Dans les Universités, pour répondre à certaines nécessités des temps nouveaux, on crée des cours spéciaux, ayons le courage de prendre sur nos moments de repos pour y assister.

Au contact d'autres intelligences qui manifestent leurs pensées devant nous, nous amplifierons, nous rectifierons nos idées; ou bien, leur justesse nous apparaîtra plus évidente et elles se fixeront davantage dans nos esprits.

Dans cette fréquentation des maîtres de la pensée, nous deviendrons « *plus forts* ». « Nos maîtres ne sont pas de simples guides qui nous montrent la route sans pouvoir doubler nos forces par autre chose que de bonnes paroles. Ils agissent au contraire sur ces forces elles-mêmes, en prenant une part essentielle à la croissance de notre esprit et de ses habitudes de penser. De même qu'en montagne on s'entraîne avec un guide et par son aide, et que par l'entraînement le jarret devient plus fort et le pied se fait montagnard, de même, avec un maître et par son aide, les notions acquises deviennent des forces vives de l'intelligence. Un maître est un guide qui nous fortifie par l'exercice ; et non point ce simple indicateur dont l'action est toute de surface et comme occasionnelle. Un maître est une source de vie pour notre esprit. »(1)

(1) SAINT THOMAS IIe IIe quest X, art. 12. — Cf. *Revue Thomiste*. — L'action intellectuelle d'un maître, d'après Saint Thomas, par le R. P. Schwalm, O. P.

En vous invitant à fréquenter l'école des maîtres, je ne vous demande pas d'abdiquer votre personnalité, comme certains semblent le croire. Tout d'abord, vous n'êtes pas obligés d'accepter sans contrôle tout ce que l'on vous propose ; vous avez les lumières de votre foi et de votre raison, c'est à vous d'en faire usage. Tout en apprenant par autrui, vous devez voir par vous-mêmes ce qu'on vous enseigne. Car, « apprendre, ce n'est pas être éclairé, comme sont éclairées ces montagnes que le soleil couchant enveloppe d'une vapeur bleutée : effet de la lumière qui se joue et qui passe, sans que rien tressaille dans l'inerte granit ; c'est s'éclairer soi-même sous le rayonnement d'une autre lumière, comme s'éclaire un regard, un sourire, un visage, sous le rayonnement d'un joyeux soleil ou d'un visage ami. »

L'autre écueil vient de la nécessité où nous nous trouvons d'être renseignés sur tout un ensemble de questions, qu'aujourd'hui, il n'est plus permis d'ignorer. Nous devons être initiés aux sciences de la nature, aux sciences historiques et sociales, et surtout à cette science qui domine toutes les autres par sa transcendance et par son influence, la science religieuse.

Ne sommes-nous pas presque fatalement exposés à nous perdre en surface? A vouloir tout apprendre, ne risque-t-on pas de devenir un de ces hommes superficiels qui ont tout effleuré, tout lu, touché à tout sans avoir jamais rien approfondi, qui dissertent sur tout et ne raisonnent sur rien ? C'est vrai. Mais cet écueil nous pouvons l'éviter, si nous nous astreignons toujours à vouloir des notions précises, si comme le demande l'angélique Docteur à son disciple, nous nous efforçons de tirer au clair tous nos doutes.

Pour cela, il serait très désirable que nous eussions pour notre intelligence ce que nous recherchons parfois pour nous guider dans les difficiles sentiers de la vertu, un directeur. Lorsque, après de mûres réflexions, nous ne trouvons pas la solution d'une difficulté, ayons assez de simplicité et d'humilité pour aller consulter cet homme de notre choix, celui que nous appellerons le père de notre intelligence. S'il peut nous renseigner, il le fera avec bonheur ; il y a tant de joie pour une âme à en éclairer une autre ; et s'il ne le peut pas, ensemble vous étudierez et ensemble vous récolterez les fruits de ce travail à deux, toujours si utile et si agréable, et parfois si fructueux.

Jeunes gens, « ayez donc l'ambition du savoir. Stimulez sans cesse en vos cœurs le désir d'étendre, de fortifier, de perfectionner vos connaissances. Entretenez en vos esprits cette noble activité, cette légitime curiosité intellectuelle qui rendra plus actives et plus efficaces vos laborieuses investigations dans les domaines scientifiques. Ne négligez aucune des choses qu'il est utile de connaître, et dont l'ignorance accuserait plus tard une lacune dans votre savoir. » Prenez pour devise ces vers du poète : (1)

Elance-toi, mon âme, et d'essor en essor,
Remonte de ce monde aux beautés éternelles,
Et toujours aspirant à des beautés nouvelles,
Crie au Seigneur : Encore ! Encore !

---

(1) LAMARTINE.

V

Nécessité individuelle de la Préparation

A l'heure actuelle, il n'y a plus ou presque plus de situations toutes faites. Bien rares sont ceux qui, sûrs du lendemain, peuvent se contenter tout simplement d'être des rentiers. Il faut se créer soi-même sa situation. Et on sait combien c'est difficile au milieu des compétitions qui surgissent de toutes parts. Aussi, pour arriver à se faire une situation honorable, est-il nécessaire d'être un homme instruit. C'est pourquoi, à moins de vouloir se condamner à l'insignifiance et à la nullité, on se livre à un travail assidu, on agit, on fait des efforts, on prend de la peine et cela, pendant de longues années.

Cette nécessité de la science se fait sentir encore davantage, si l'on aspire à prendre rang parmi les classes dirigeantes.

« Le savoir a été de tout temps une puissance sociale de premier ordre. Le rayonnement de l'intelligence a toujours été comme celui du soleil bienfaisant ou torride, un principe de fécondité ou de mort. Mais on ne saurait contester qu'aujourd'hui, le savoir possède par lui-même et confère à celui qui le détient une influence plus étendue et plus profonde »(1).

Que voyons-nous, en effet, dans notre société moderne, même dans les pays où l'on parle le plus d'égalité, nous voyons comme autrefois, et peut-être encore davantage, les hommes se diviser en deux catégories bien distinctes, en deux groupes qui se superposent l'un à l'autre, comme la tête et les membres. « En haut il y a les hommes qui travaillent de la tête, et qui par la parole et par la plume mises au service de leur intelligence, établissent et dirigent ces courants d'idées qu'on nomme l'opinion. A ceux-là appartiennent de gouverner les affaires publiques et de diriger les travaux des hommes. En bas, il y a les hommes qui travaillent des mains ; ceux-là moins pourvus de connaissances, moins avancés dans le domaine du savoir, suivent ces courants et subissent l'influence des esprits cultivés. »

Cette influence du savoir est plus considérable de nos jours, par suite de l'introduction dans notre vie d'un organisme nouveau : la presse, qui chaque jour, se charge d'exploiter les renommées, qui va jusque dans les recoins les plus obscurs du pays propager la doctrine et en faire parvenir l'influence.

Le travail de la pensée, en faisant de vous des lettrés et des savants, vous destine nécessairement à être les chefs dans la grande bataille de la vie publique et sociale. Bon gré, mal gré, et à moins de trahir votre vocation, nous serez les membres choisis de la classe dirigeante.

Donc, en quelque rang de la société que vous soyez placés,

(1) A. D. SERTILLANGES. — *Nos vrais ennemis.*

si vous avez l'ambition d'exercer une action dirigeante ou simplement une influence sur vos semblables, ne comptez pas sur la force brutale ; avec elle vous pourrez dominer, mais vous n'aurez pas d'autorité morale ; ne comptez pas davantage sur la fortune et encore moins sur la naissance, car avec tout cela vous pourrez agiter et au besoin acheter les hommes, mais vous n'aurez pas sur eux d'acti n véritable ; comptez avant tout sur l'instruction, la culture intellectuelle, un savoir éminent. « Si ce savoir vous manque, si vous ne portez pas, dans la supériorité de votre position, la supériorité des connaissances acquises, vous n'êtes plus pour les hommes auxquels vous commandez, qu'un manœuvre comme eux, qui n'en sait pas plus qu'eux. Vous êtes déjà déchus de votre prestige à leurs yeux, et s'ils se courbent encore devant vous, vous pouvez être assurés qu'ils ne font plus cas de vous. » (1)

Acquérir la science qui fera de vous un homme supérieur dans la situation que vous aurez à occuper est donc bien une nécessité. C'est de plus pour vous, jeunes gens catholiques, *un impérieux devoir.*

Vous le devez à la grande cause dont vous voulez le triomphe. Soyez des travailleurs. Ayez la grande et noble ambition *de faire quelque chose,* afin de vous trouver les premiers partout sur tous les terrains de la vie nationale, au barreau, dans la magistrature, dans le journalisme, dans les professions libérales, dans le commerce ou l'industrie. C'est la meilleure façon pour vous d'entrer dans la vie publique et de rendre votre apostolat fécond. Car, de nos jours plus que

(1) Mgr. BAUNARD : *Le Collège Chrétien.* Paris, Poussielgue.

jamais, en ce temps où l'on fait de si généreux efforts pour vulgariser l'instruction, il faut des capacités et des titres à offrir au public. Et, ayez l'intime persuasion que la tactique la plus sûre pour faire pénétrer vos idées, même dans les masses populaires, c'est de les envelopper dans votre valeur personnelle. Enfin, ne perdez pas de vue que pour l'honneur de votre cause, vous ne devez pas paraître au-dessous des autres dans l'ordre du savoir, car l'injuste malice des hommes fait volontiers peser sur la religion la responsabilité de vos ignorances. Il faudrait que nous, catholiques, nous puissions répéter ce mot d'un homme célèbre : *Chez nous, il n'y a pas de médiocrité.*

Souvenez-vous toujours de cette belle pensée du P. Lacordaire : « Celui qui lutte sans intelligence, celui-là ne sait pas lutter : il reste inférieur à tous les autres. *L'intelligence, c'est le gage de la puissance humaine,* sans elle, l'homme peut être honorable et utile, il peut être aimé et respecté : il ne sera pas puissant. En parlant ainsi, le grand religieux n'était que l'écho de la Sainte Ecriture : *Quelque soit,* dit-elle, *l'humilité, l'obscurité d'un homme, sa science l'exaltera et lui donnera une place parmi les grands* (Eccl. XI-I). *Peu importe son âge. Elle le rendra illustre au milieu de la foule, et, jeune, le fera honorer par les vieillards. Sa parole pèsera dans la balance des choses humaines.* » (Sap. VIII-10).

Ainsi donc, si vous avez à cœur d'exercer dans le milieu social où vous aurez à vivre, une influence véritable, acquérez toutes les connaissances qui pourront vous être utiles, et accomplissez en perfection tout ce à quoi vous vous appliquerez.

Pour que votre préparation intellectuelle soit complète, il

est une autre science que vous devez vous efforcer d'acquérir et sans laquelle vous seriez incapables de remplir pleinement votre mission, **c'est la science religieuse.**

Aujourd'hui, notre foi est attaquée de toutes parts. Le combat n'a jamais été plus ardent ni plus périlleux. Sans doute, la race des fourbes et des perfides qui s'élancent à l'assaut de la Vérité n'a jamais fait défaut, car la race des menteurs est une race indestructible. Mais nous devons avouer qu'en aucun temps ils n'ont pullulé comme dans le nôtre. A aucune heure de la vie de l'Eglise, ils ne furent plus effrontés, plus follement écoutés, plus sottement applaudis.

Non seulement, il vous faudra résister aux erreurs de l'impiété, aux mauvaises influences et ne pas vous laisser émouvoir par les sarcasmes de l'ennemi, mais de plus, vous devrez lutter contre le courant envahisseur, démasquer et réduire à néant les grossières inepties étalées par des folliculaires de bas étage dans certains livres et dans certains journaux.

Pour cela il faut de la science. Possédez-vous la science nécessaire qui vous permettra d'affronter glorieusement la lutte pour la défense de la vérité ? C'est une question à laquelle je n'ose pas répondre. A quoi souvent se résume l'éducation chrétienne d'un bon nombre de jeunes gens ? A quelques notions vagues, confuses, acquises dans des cours élémentaires. On s'est bien efforcé, dans les classes supérieures de, nous donner un enseignement plus étendu, plus profond ; mais à ce moment-là, n'étions-nous pas tentés de considérer cette partie de nos programmes comme surérogatoire ? La classe « *de religieux* », n'était-elle pas ce qu'on appelle dans la langue des collèges « *une classe de repos.* »

Ayant peu étudié, nous sommes des ignorants en matière

de religion. Aussi, comme notre foi est peu solide. Pourrait-il en être autrement, la foi n'est-elle pas d'abord une affaire de connaissance ? Et puis, quelle répercussion terrible dans la vie intérieure ; à quelles atténuations du devoir, ne serons-nous pas amenés ? « Si la religion, disait un jour le P. Didon, perd dans l'esprit de la jeunesse lettrée la place à laquelle elle a droit, c'en est fait : aujourd'hui, elle est bannie de l'esprit, demain, elle le sera du cœur ; elle restera comme un sentiment plus ou moins respectable, une pratique sans honneur, une puissance énervée, et, à coup sûr, sans action efficace. Si robuste qu'il soit, l'arbre déraciné est vite desséché. N'attendez de lui désormais ni les fruits, ni l'ombrage ; il n'est bon qu'à mettre en pièces et au feu. *Or les racines de la religion, c'est la doctrine.* »

Soyons au courant de notre foi et honorons-la par l'intelligence avec laquelle, nous professons ses dogmes. La foi du charbonnier peut convenir à l'ignorant, elle ne convient pas au lettré. Il nous faut la foi des Pascal, des O'Connell, des Garcia Moreno. Donnons dans nos études de chaque jour une place d'honneur à la science religieuse. Cultivons-la sous toutes ses formes, théologique, historique, apologétique. Préparons-nous à répondre par des arguments péremptoires et solides aux objections les plus en vogue. Ne laissons jamais le moindre doute s'acclimater dans notre esprit ; mais, autant que cela nous est possible, essayons de faire la lumière sur toutes les questions.

Pour être toujours les champions inébranlables de la Vérité, pour défendre votre Foi, contre les ténèbres qui voudront l'envahir et l'étouffer, votre liberté contre le respect humain, il vous faut *du courage*, c'est-à-dire, une volonté ardente qui ne sait pas reculer en face du danger. Sans une âme bien trempée, il est inutile et dangereux d'affronter le champ de bataille ; car bien vite la rougeur des lâches vous monterait au front, vous déserteriez la cause sacrée que vous auriez juré de défendre et ce qui est pire, vous passeriez au camp de l'ennemi.

Où trouverez-vous ce courage ? *dans de fortes et profondes convictions religieuses.* Le courage, en effet, n'a sa raison d'être qu'autant qu'il est au service d'une conviction. « Personne n'a plus de caractère, écrivait Théodore Jouffroy, et pour une bonne raison : c'est que, des deux éléments dont le caractère se compose, une volonté ferme *et des principes arrêtés,* le second manque et rend le premier inutile. »

Il ne faut pas nous le dissimuler, s'il y a dans le temps où nous vivons tant de langueur, tant de mollesse et de lâcheté, c'est précisément parce que les convictions manquent aux intelligences qui flottent au hasard de tous les systèmes. S'il n'y a plus d'énergie dans notre action, c'est uniquement parce que nous ne savons plus ce que nous voulons. « *La parole de Dieu,* selon le mot de l'Ecriture, *n'est plus le flambeau qui guide nos pas, ni la lumière qui éclaire nos sentiers.* »

« Nous marchons dans la nuit, nous n'avons plus rien de défini, rien d'arrêté dans l'esprit, et nous ne nous rendons plus compte du but où nous tendons. Par suite nous sommes faibles, hésitants. Comment se pourrait-il que la chaleur de la résolution fût dans la volonté et la vigueur de l'exécution dans le bras, quand il n'y a dans l'entendement, au lieu de la claire lumière du oui, que le nuage ou le brouillard du peut-être ! Pour remédier à ce mal, il suffirait d'injecter l'énergie morale dans les âmes, et de *silicatiser* ces caractères qui se pulvérisent au premier souffle du vent et au premier contact de l'air. »

Jetez dans vos âmes de profondes convictions religieuses « *ces ancres de salut dans la tourmente* », comme les appelle un auteur. Appuyé sur elle, l'homme ne sera plus le navire désemparé et maltraité des flots ; il pourra reconnaître sa voie, réparer ses avaries et, sûr de son chemin, remettre à la voile, doubler les écueils et arriver au port. »

Comment formerez-vous dans vos âmes ces convictions solides ? *Par l'étude sérieuse, approfondie de la Religion* ; car les convictions ne sont pas une affaire de pure sentimentalité, mais une adhésion raisonnée à la Vérité.

Si vous êtes fortement convaincus que la cause que vous défendez est une cause sainte, divine, puisque c'est la cause même de Dieu, bien vite naîtra en vous cet enthousiasme qui seul opère de grandes choses. Avec lui, vous serez armés pour lutter contre ces terribles maladies de la Jeunesse contemporaine que je vous signalais dans un précédent chapître. Vous ne serez pas de ces sceptiques, de *ces suicidés de l'esprit* comme on les appelle, de ces jeunes pour qui l'absence de convictions est devenue l'absence de toute énergie et de toute virilité, chez qui il n'y a plus ni courageuses ardeurs de la pensée et de la parole, ni sentiments passionnés du devoir. Vous ne serez pas non plus de ces pessimistes qui passent leurs journées à se demander si la vie vaut bien la peine d'être vécue et qui croient ou feignent de croire pour se dispenser d'agir, la cause du bien et de l'humanité irrémédiablement perdue. Comme ces hommes d'actions dont vous admirez la vie et les œuvres, faites-vous les esclaves de la Vérité. Elle vous éclairera, elle vous encouragera dans la lutte, elle vous fortifiera contre les revers et contre les trahisons de la fortune, elle fera de vous des Apôtres.

Si le P. Lacordaire a pu écrire : « *dès qu'une âme a la foi, elle est apôtre* ; » que ne sera-ce pas quand cette foi fortement enracinée dans votre âme, passera à l'état de conviction ardente ? Vous deviendrez ses champions fidèles, indomptables et aussi, disons le mot, *invaincus*, car « la victoire finit toujours par rester aux âmes le plus fortement convaincues. Elles fondent le règne de la vérité ; elles la sauvent de la décadence, et quand, par des mains impies, les colonnes du Temple ont été ébranlées, ce sont elles qui soutiennent l'édifice chancelant ou qui en relèvent les ruines sacrées. »

Travaillez donc pour acquérir la valeur personnelle d'où dépend votre influence. Travaillez aussi pour acquérir la science religieuse qui fera de vous des chrétiens convaincus et des apôtres. Rendez-vous à cet appel d'un poète :

Laissez-là ces mines guindées :
Qu'on sente en vous courir le sang !
Ayez pour les grandes idées
Un sein qui batte, jeune et franc !

VI

Nécessité sociale de la Préparation

En étudiant notre situation au milieu du monde où nous sommes obligés de vivre, nous avons acquis la certitude qu'une préparation intellectuelle nous est absolument indispensable. Cette nécessité nous apparaîtra plus pressante encore si nous observons attentivement ce qui se passe dans nos sociétés modernes. Nous constaterons alors que ce n'est plus seulement une nécessité individuelle, mais une véritable nécessité sociale.

Cette constatation n'est pas faite pour nous décourager. Elle servira, au contraire, à aiguillonner davantage notre zèle, notre passion de nous dévouer au salut de nos frères ; car, nous ne sommes pas de cette race d'égoïstes qui travaillent uniquement pour goûter les jouissances de l'étude, mais des apôtres qui veulent acquérir la science afin d'en faire bénéficier leurs concitoyens. *Ad hoc volunt intelligere, ut bene faciant* ; voilà notre devise et tout notre programme.

Qu'est-ce qui fait la grandeur d'une société ? — Certains, fort nombreux aujourd'hui, mesurent la grandeur d'une nation au progrès matériel. D'après eux, le premier pays du monde est celui où les actions atteignent la plus haute cote à la Bourse, celui qui a le plus grand nombre de comptoirs de commerce ; on calcule tout : le tonnage des navires, le chiffre des exportations et des affaires, puis triomphalement on conclut. D'autres, moins nombreux en ce temps, où malgré le bruit du canon, le vent est à l'arbitrage et à la paix universelle, jugent un pays d'après ses forces militaires et navales..

La véritable grandeur d'un peuple réside-t-elle vraiment dans le progrès matériel ou dans la force brutale ?

Personne ne niera que dans nos sociétés modernes, le progrès matériel n'ait atteint un degré de développement jusque-là inconnu. Il semble qu'on ne puisse guère décemment aller plus loin dans le luxe, le confortable, le bien-être. De même, dans certains pays, la force armée a subi de radicales transformations et de prodigieux perfectionnements. Nous ne discutons pas ce qu'il y a de légitime dans cet état de choses, nous constatons seulement un fait. Mais, tout en respectant ce fait accompli et en le louant dans la mesure où il concourt au bien de la société, ne pouvons-nous pas nous demander ce qu'est devenu l'homme, au milieu de cette révolution militaire et de ce bouleversement économique ?

A-t-il grandi ? Ce qui le fait homme, son intelligence, sa volonté, son cœur ont-ils progressé dans la même mesure ? Et, comme une nation n'est grande que par les individus qui la composent, si le progrès matériel n'a pas servi à perfectionner ce qui fait l'honneur de l'homme, nous devons conclure qu'il n'a pas contribué à rendre les nations plus parfaites.

D'où vient donc la grandeur d'un peuple ?

C'est une règle générale que l'élévation d'une âme dépend de la grandeur des objets dont elle s'occupe. Nous nous assimilons les choses que nous contemplons. L'homme se fait à l'image de ce qu'il touche et à la mesure de ce qu'il recherche.

Faut-il alors s'étonner de la situation de notre société moderne ? Non. Où s'en vont aujourd'hui nos préoccupations, où tendent tous nos efforts ? Est-ce à perfectionner l'intelligence ? Est-ce à fortifier la volonté et à élever le cœur ? Ce que la masse des hommes veut, à de rares exceptions près, c'est le bien-être accru indéfiniment.

Qu'arrive-t-il ? La pensée descend au niveau de ce qu'elle touche, de la matière. Suivant un mot pittoresque : « *L'intelligence est embourgeoisée.* » Plus d'ambitions, plus de sommets où on court risque de prendre le vertige, mais des chemins sablés et des bosquets. Et avec la pensée tout baisse, les goûts, les arts, la littérature, les vocations. Ce qu'il faut, c'est du profit, de la fortune, de la jouissance. La cupidité a commencé, le luxe a suivi, la corruption des mœurs viendra bientôt. Car, à l'abaissement du niveau intellectuel correspond presque infailliblement celui du niveau moral. Les âmes énervées, alourdies par l'excès du bien-être, ne fréquentent plus les hauteurs où elles peuvent respirer l'air pur de l'idéal. Plus de nobles élans, de sublimes envolées dans la pensée,mais le trivial, le vulgaire ; plus de dilatations, de grands battements dans le cœur, mais l'endurcissement, l'égoisme. « Où sont en effet, aujourd'hui, les goûts affinés, les généreux efforts, les détachements héroïques, la domination de l'esprit sur la chair, et de Dieu sur l'esprit ? Regardez partout et vous verrez ce qui reste de la délicatesse du goût, de générosité vraie, dans cette légèreté et cette insouciance, dans ce culte de la force, dans cet amour passionné de la distraction ? » (1)

Lorsque l'intelligence grandit, tout monte ; lorsqu'elle s'abaisse, tout descend. Les peuples en qui elle décline ne tardent pas à tomber dans la décadence. Ce sont des peuples frivoles, corrompus, mûrs pour toutes les conquêtes et toutes les servitudes. « Les lettres, a dit le P. Lacordaire, sont le palladium des peuples véritables ; et, quand Athènes naquit, elle eut Pallas pour divinité. Il n'y a que les peuples en voie de finir qui n'en connaissent plus le prix, parce que, plaçant la matière au-dessus des idées, ils ne voient plus ce qui éclaire et ne sentent plus ce qui émeut. Mais, chez les peuples vivants, la culture des lettres est, après la religion, le premier trésor public, l'arôme de la jeunesse et l'épée de l'âge viril »(2).

Si vous avez la légitime et patriotique ambition de voir votre pays grand et prospère, au premier rang parmi les nations qui se dévouent à l'œuvre de la civilisation, efforcez-vous d'élever le niveau intellectuel des âmes. Du même coup vous aurez largement contribué à grandir les aspirations et les désirs du peuple. Vous le déprendrez de ce terre à terre où il se traîne et qu'engendre un contact trop prolongé avec la matière. Vous lui mettrez de généreux sentiments au cœur. Vous verrez alors l'âme de ce peuple monter, se détourner avec dégoût de toutes les futilités avec lesquelles on cherche à l'amuser et où elle perd le meilleur de son esprit et de son bon sens. Vous la sentirez vibrer pour tout ce qui

(1) P. OLLIVIER. O. P. Conf. de N. D. de Paris, 1871.

(2) P. LACORDAIRE. 6e Conférence de Toulouse.

est grand. Les causes sacrées de la patrie, de la justice et de la vérité trouveront en elles de nombreux et vaillants défenseurs. Vous aurez ainsi travaillé à rendre votre patrie véritablement grande, car, du sein de cette masse laborieuse où circuleront les hautes pensées et les nobles désirs, se lèvera une pléïade d'hommes illustres, artistes, poètes, orateurs, diplomates, hommes d'œuvre, utiles à leur pays et dont la gloire bravera l'oubli et le silence des siècles.

Par votre supériorité intellectuelle, vous contribuerez à la grandeur de votre pays. Aurez-vous fait assez ? Non. L'éclat ne suffit pas à une nation qui veut vivre. Il lui faut encore et surtout la puissance.

Où se trouve la vraie puissance d'un peuple ? — Dans la cohésion, l'union de toutes ses forces vives, dirigées vers un même but, concourant au bien commun.

La science humaine et le progrès matériel ne peuvent arriver à ce résultat. Ils n'ont pas en eux ce qu'il faut pour réaliser cette unité et inspirer les dévouements nécessaires. La raison en est très simple : c'est que en règle générale, ils ne peuvent pas faire des hommes vertueux. Nous avons tort de demander à la science ce qu'elle ne peut donner. La vertu est en dehors de son domaine. Cela est si vrai, qu'on voit des savants à l'âme vile et médiocre. Et puis, à quels résultats est-on arrivé chez certains peuples nourris, saturés presque exclusivement de science humaine ? On a stimulé, excité les convoitises ; on a jeté au sein de ces masses des germes de corruption, de révolte et de mort ; on les a livrées au mauvais génie des révolutions, en multipliant les causes de haine et de conflits.

Où trouver ce principe d'unité, cet accord des intelligences et des volontés ; où trouver surtout cette source de dévouement, nécessaire aux individus comme au peuple tout entier, pour travailler avec désintéressement et sans jamais se lasser au bien général ?

L'unité dans les volontés suppose l'unité dans les intelligences. Pour réaliser cette unification des esprits, « il faut qu'il y ait entre eux des idées communes, immuables, fondamentales, librement reconnues et acceptées par l'intelligence ... et que ces idées ne soient pas le privilège de quelques-uns, mais que tous les éléments vivants de l'humanité y prennent part, y soient réellement associés, depuis l'enfant jusqu'au vieillard, depuis le pauvre jusqu'au prince, depuis le plus ignorant jusqu'au plus savant. » Donc, doctrine commune, bien arrêtée, principes les mêmes pour tous.

A qui demander cette doctrine et ces principes ? Partout règne l'anarchie intellectuelle la plus lamentable. Prêtons l'oreille à la grande voix des siècles chrétiens, et nous l'entendrons toujours aussi claire, chanter triomphante *l'immortel Credo de l'unité Catholique.* Là, nous trouverons « des idées immuables qui malgré la mobilité du temps, malgré l'instabilité de l'esprit humain, ont subsisté toujours, et dans lesquelles on sent une racine de persévérance et d'immortalité, une racine granitique autant qu'elle est féconde, en sorte que tout ce qu'il y a de plus dur, le diamant, nous représente ces idées immuables, qu'a fondées la doctrine catholique, sans que leur opiniâtre dureté exclue leur mouvement et leur floraison dans l'univers » (1).

---

(1) P. LACORDAIRE.

Avec le symbole catholique, nous avons accord parfait des intelligences, au moins pour tout ce qui intéresse la foi. Mêmes croyances, mêmes manières de voir sur la vie de l'homme, ses obligations, sa destinée, la direction qu'il faut lui imprimer.

Le monde intellectuel sera le premier à bénéficier de la lumière qui se dégage abondante de ces principes. Nous nous plaignons amèrement qu'aujourd'hui on ne s'enflamme plus pour l'idéal, qu'on ne se passionne plus pour le droit, qu'il n'y a plus de vigueur, plus d'élan dans la pensée. Quoi d'étonnant à cela ? Où voulez-vous que cette flamme sainte s'allume ? Sans doute, nous tenons pour certains ces principes mais nous n'en vivons pas. Entre eux et notre vie pratique, il semble qu'il y ait une cloison étanche. Rendez-leur le culte auquel ils ont droit, et vous verrez sous ce souffle vivifiant de la foi religieuse la pensée monter bien haut vers l'idéal divin. Plus d'anarchie, de scepticisme, d'individualisme où s'étiole le génie de l'homme et où succombent mortellement blessés tant de beaux talents ; plus de cette adoration idolâtrique de l'art pour l'art, plus de ce culte du succès à tout prix, dût-on même y sacrifier la morale ; mais la précision dans les idées, la sûreté de l'esthétique, les grandes inspirations renaîtront au contact des fortes croyances. Les artistes « puiseront dans cette science supérieure des inspirations nouvelles, ils liront dans ce livre merveilleux les lois les plus merveilleuses de l'âme humaine et les mystères inénarrables de l'Infini ; ils chanteront, comme Képler, un hymne à Celui qui a écrit, dans l'Immensité, en traits incommensurables, son nom ineffable ; ils percevront, suivant le mot de saint Paul, dans les choses créées, *les invi-*

sibles de Dieu, ils écouteront la gloire que les cieux racontent de leur auteur » (1).

Avec cette unité des principes et des intelligences, vous obtiendrez l'unité des volontés. L'enseignement chrétien nous montre la même fin à atteindre, il nous propose les mêmes devoirs, il nous donne en nous montrant dans l'autre monde la récompense du devoir, la force de l'accomplir quoi qu'il en puisse coûter à notre nature.

Il faut nous y attendre, les sacrifices à faire ne nous manqueront pas : sacrifices de notre temps, de nos commodités, de nos plaisirs, peut-être même de notre fortune et de notre vie. Il sera nécessaire de lutter contre cet égoïsme qui se trouve en germe au fond de toute âme d'homme, et qui nous pousse à travailler à notre bien particulier sans nous inquiéter du sort des autres, qui fait passer avant tout, même avant l'intérêt du pays, le culte de la gloire, l'ambition de la fortune et l'adoration de soi-même. C'est dans la doctrine catholique que vous trouverez *la science du renoncement.*

Dans la doctrine catholique, vous puiserez aussi *cette science de la fraternité* qui vous fera voir dans tous les hommes des enfants du même Père céleste, des frères que vous devrez aimer comme vous-mêmes. La charité est le premier et le dernier mot du christianisme. Par là, il amortit le choc des passions, affaiblit les rivalités, rend les dissidences moins vives, moins aiguës, opère les rapprochements C'est pourquoi il est en même temps que le plus puissant instrument au service du bien commun, la plus haute force d'union qu'il puisse y avoir en ce monde.

---

(1) P. DIDON, O. P. *Opus. cit.*

Les siècles chrétiens ont trouvé là le secret de leur force, de leur grandeur et de leur bonheur.

Donc, si nous voulons travailler efficacement à la grandeur et à la puissance de notre pays, ayons ce culte de la science, travaillons à élever son niveau intellectuel. Mais ne l'oublions jamais, tous nos efforts seraient infructueux et vains, si nous ne donnions pas à cette science humaine un contrepoids ou plutôt un principe vivificateur, la doctrine catholique. Pénétrons-nous des principes chrétiens, faisons-en l'âme de notre vie intellectuelle. Efforçons-nous, en même temps que nous répandrons la science, de maintenir dans le peuple ces principes d'où dépendent la vie, la sécurité de la société tout entière. Faisons-les revivre chez ces esprits qui menacent ruine, battus en brèche par les idées modernes comme par des machines de guerre.

Vos études vous imposent cette tâche et vous décernent cet honneur.

LA PRÉPARATION INTELLECTUELLE. -- LES MOYENS

VII

La Lecture

Ce qu'il ne faut pas lire et ce qu'il faut lire.

Un des grands moyens de formation intellectuelle : c'est la lecture.

Nous avons besoin de lire pour acquérir des idées, pour les développer. «Pour qui connaît l'homme, c'est un rêve que de prétendre à tirer de son fonds l'aliment de sa vie intellectuelle. Si quelques hommes de génie ont, dans le passé, trouvé les premiers jalons à poser sur la route de l'esprit, combien d'autres — et nous en sommes — sont absolument incapables de rien découvrir ou de rien inventer, et dont le sort, glorieux encore, est d'exploiter ce qui a été trouvé par leurs devanciers ?... Nous sommes de ceux qui exploitent les inventions et qui vivent de l'acquit des autres. Nous mettons notre honneur à développer la lumière apportée par ceux qui nous précèdent et à la léguer, à nos successeurs, dans une clarté nouvelle. » (1)

---

(1) R. P. OLLIVIER. O. P. — L'Eglise. Conférences sur l'Etude.

Par la lecture, nous entrons en contact avec tous les grands esprits qui ont illustré l'humanité. Comme une douce et bienfaisante rosée, leur pensée pénètre notre âme. Insensiblement nous nous l'assimilons ; et cette pensée est véritablement devenue notre pensée.

Nécessaire pour l'acquisition des idées, la lecture l'est encore davantage *pour la formation de nos facultés intellectuelles.*

Par la lecture, notre imagination se développe ; notre trésor d'images et d'expressions s'enrichit. Et le moment venu, nous saurons couler notre pensée dans des formes qui seront notre propriété.

Un autre avantage de la lecture, c'est que vivant dans l'intimité d'esprits distingués, l'étiage de nos pensées s'élève, notre goût s'affine. Le vieux proverbe : *Dis-moi qui tu fréquentes et je te dirai qui tu es*, trouve parfaitement ici son application.

Il suffit souvent d'une seule conversation pour constater si un homme a lu peu ou beaucoup. Il y a, a-t-on dit, entre un jeune homme qui a lu et un autre qui n'a point ou presque point de lecture, la différence qui existe entre un solitaire et un homme façonné par la bonne compagnie. Bien plus, il est facile de reconnaître, avec un peu de perspicacité, quels sont les auteurs favoris de notre interlocuteur. Ainsi, par exemple, un écrivain qui a vécu dans un commerce continuel avec les maîtres du grand siècle n'aura pas la même facture de phrase, les mêmes expressions qu'un autre qui aura fréquenté l'école des romantiques.

Il faut donc lire. *Mais peut-on lire indistinctement tout ce qui nous tombe sous la main, au hasard des rencontres ?* Evidemment non.

Si la circonspection dans les lectures a été de tout temps nécessaire, jamais elle ne l'a été autant qu'à notre époque. Le mauvais livre, voilà le grand moyen de perversion dont se sert aujourd'hui l'esprit du mal pour corrompre les âmes. Qui nous dira toute l'influence néfaste d'un mauvais livre ? M de Bornier, en un drame célèbre (1), l'a parfaitement traduite dans ces vers qu'il met dans la bouche de l'Arétin, se souvenant après sa conversion des ouvrages de perdition sortis de sa plume :

> Oui, peut-être dans l'ombre, en ce moment, là-bas,
> Un jeune homme, un enfant que je ne connais pas,
> Pour ce sombre plaisir trouvant les heures brèves,
> Sur mes œuvres penché, plonge au gouffre des rêves,
> Qui l'aura perdu ? *Moi, je suis son père aussi.*

Si les mauvaises lectures sont dangereuses à tout âge, combien ne le sont-elles pas à cette époque des passions naissantes, des instincts avertisseurs, des curiosités secrètes. Aussi, sont-ils légion, les jeunes gens qui, à la suite de lectures perverses, ont perdu leurs mœurs et leur foi. Il est donc nécessaire, dans un livre où l'on traite de préparation intellectuelle, d'aborder cet important sujet de la lecture, de déterminer ce qu'on ne doit pas lire et d'indiquer ce qu'il faut lire.

Vous êtes catholiques, vous voulez rester fidèles à vos serments, abstenez-vous de *toute lecture qui directement ou indirectement attaque votre foi*, soit en étalant sous vos yeux

(1) *Le Fils de l'Arétin* par H. de Bornier.

de bruyantes négations, soit en jetant le discrédit sur l'Eglise, ses institutions ou ses prêtres, soit en tournant en ridicule les pratiques de dévotion chères au peuple chrétien.

Vous voulez être non seulement des catholiques de nom mais aussi des catholiques sincères qui mettent leurs actions d'accord avec leurs paroles, *ne lisez jamais de livres où la pureté et la sainteté des mœurs chrétiennes soient l'objet d'ineptes railleries*, où l'on exalte le vice et où l'on montre, en de réalistes tableaux, le plaisir sensuel comme le seul vrai bonheur.

Avant d'ouvrir un livre demandez-vous si sa lecture ne vous en est pas défendue soit par *le droit naturel, soit par le droit ecclésiastique.*

Et d'abord le droit naturel. — Toute lecture qui, par ses attaques contre la religion ou les bonnes mœurs, trouble votre esprit, votre cœur, vos sens, et les porte au mal, est une lecture mauvaise. Cela, en effet, est une chose mauvaise qui est pour nous une cause ou une occasion de péché volontaire ou nous expose au péril du consentement. Et votre conscience, si elle n'est pas déjà enténébrée par le mal en vous avertissant qu'il y a là du danger, vous défend de vous y aventurer. Votre devoir strict, sous peine de forfaire, est d'obéir à cet instinct de votre nature. Dans les cas de doute, vous ne savez pas si vous pouvez vous permettre ou si vous devez vous interdire telle ou telle lecture, il y a une obligation rigoureuse de consulter ou votre confesseur ou une personne prudente et éclairée et de vous en remettre à leur avis.

Une lecture peut être aussi prohibée de par le droit ecclésiastique. — Un livre peut être défendu, soit parce qu'il est condamné nommément et se trouve consigné dans le catalogue de l'Index, soit parce qu'il tombe sous l'une des règles générales de l'Index, dont voici les deux principales :

« *Sont condamnés tous les livres qui contiennent des injures envers Dieu, envers la Vierge Marie, ou envers les Saints, ou l'Eglise Catholique et son Culte ou les sacrements, ou le Saint Siège Apostolique.* »

Il s'agit ici de livres dont l'intention bien formelle et bien avouée est de vilipender, de dénigrer, de discréditer les personnes et les choses saintes mentionnées dans ce texte. C'est ce qu'on pourrait appeler *les œuvres impies.*

« *Les journaux, les périodiques, les revues, qui paraissent en vue d'attaquer la religion et les bonnes mœurs, doivent être considérés comme proscrits, non seulement par le droit naturel, mais aussi par le droit ecclésiastique.* » Il est ici question, non des journaux et des périodiques dont un numéro en passant contiendrait ces sortes d'injures, mais de ceux dont le but et la tendance sont d'attaquer la religion et les mœurs.

Beaucoup de jeunes gens, pour s'affranchir de ces règles, fixées par l'Eglise, allèguent certaines raisons qui ne sont pas autre chose que de vulgaires sophismes.

Il faut tout savoir, affirment-ils. Un jeune homme doit connaître ce qui se dit dans le monde. Il ne peut pas être le seul à ignorer le livre à la mode, objet de toutes les conversations.

Pensez-vous que ce soit l'amour de la science qui les pousse à acquérir ces connaissances ? Je voudrais bien le croire. Mais l'expérience prouve que le mobile n'est pas d'ordinaire aussi noble. On veut tout connaître, c'est-à-dire, et surtout, le mal. On espère trouver dans ce livre, au titre affriolant, une pâture pour la plus malsaine curiosité et c'est pourquoi on désire le lire.

Il n'y a qu'une raison et une seule qui puisse autoriser la lecture de ces ouvrages, c'est le devoir d'état, et encore faut-il auparavant en avoir obtenu l'autorisation de qui de droit.

Cela ne nous fait rien, ajoutent-ils. Nous saurons défendre nos idées et nos convictions.

Quand je vois des hommes, des prêtres qui, malgré leurs fortes études, n'affrontent pas sans crainte de tels ouvrages, quand je les vois, à l'exemple du célèbre Balmès, se mettre à genoux et faire un acte de foi avant d'en commencer la lecture, j'ai peine à imaginer que vous, jeunes gens, qui ne possédez de la science religieuse que des notions très élémentaires, qui n'êtes pas suffisamment préparés pour discerner le vrai du faux, qui n'êtes pas capables de vous garder de la fascination du style, vous puissiez vous plonger dans ces contradictions des heures entières, sans en ressentir aucun mal. De deux choses l'une, ou bien votre naiveté vous protège, ou bien ces lectures n'ont plus rien à faire sur vous, le mal est déjà fait.

Et puis comment pouvez-vous affirmer que ces livres ne vous sont pas nuisibles ? Remarquez-vous le travail qui lentement s'opère en vous ? Ne constatez-vous pas que votre foi est moins sûre, votre conscience moins délicate, vos mœurs moins pures. Un jour viendra, et il ne saurait tarder, où de terribles pourquoi se poseront devant votre intelligence, où d'épouvantables instincts s'éveilleront dans votre chair, vous ne saurez pas répondre aux uns ni résister aux autres, et alors, impuissants, vous assisterez au naufrage de votre foi et de vos mœurs. Ce sera le fruit de vos mauvaises lectures. Vous aurez semé la mort et vous récolterez la mort. C'est la loi. Il faudrait presque un miracle de Dieu pour que le contraire arrivât, et vous le savez, Dieu qui ne fait rien sans raison, n'en fera pas un pour récompenser votre présomption ou votre imprudence.

Mais enfin direz-vous, *je ne les lis que pour le style* ; il est incomparable.

A cette objection, je vous fais cette réponse du Père Lacordaire à un jeune homme : « Vingt pages suffisent pour en apprécier le mérite littéraire et la pauvreté morale et philosophique (il s'agit des œuvres de Voltaire). J'avais dix-sept à dix-huit ans, quand je lisais cette suite de débauches d'esprit, et jamais depuis je n'ai eu la tentation d'en ouvrir un seul volume ; non par crainte, il est vrai, qu'ils me fissent du mal, mais par le sentiment profond de leur indignité. » Pour grandes que soient la valeur littéraire de ces œuvres et la popularité dont elles jouissent dans un certain monde intellectuel, elles n'en sont pas moins pernicieuses.

L'aveu d'un de ceux qu'on aimait à lire autrefois est précieux à retenir. « Je ne regarde aucun de mes livres sans frémir, disait Rousseau lui-même : au lieu d'instruire, je corromps ; au lieu de nourrir, j'empoisonne ; mais la passion m'égare et, avec tous mes beaux discours, je ne suis qu'un scélérat. »

Vous ne lirez donc jamais, sans de graves raisons, des livres qui outragent votre foi, et vous ne serez pas du nombre de ceux dont parle l'abbé Perreyve, qui, honnêtes et scrupuleux dans le choix de leurs amis, acceptent volontiers dans leur intimité des livres, dont ils rougiraient de fréquenter les auteurs. Votre ligne de conduite se trouve toute tracée dans ces chrétiennes paroles d'une pieuse reine de France, Marie Leckzinska : « *Je me ferais un crime de lire un livre qui outragerait mon père, et, à plus forte raison, celui que je saurais injurieux à mon Dieu.* »

Vous ne lirez pas non plus ces productions littéraires qu'un de leurs auteurs a si sévèrement jugées : « Quels livres, écrivait Jules Janin à un jeune homme, en parlant des romans contemporains, quels livres ! Si vous saviez quels abominables corrupteurs de bon goût, de bonnes mœurs, de la civilisation, de la belle langue française ! *Ne lisez ni moi, ni les autres.* Ne lisez pas un livre de ce siècle : je n'en connais pas deux qui méritent les regards honnêtes d'un brave homme qui a conservé la piété, la pudeur, les chastes enivrements de ses dix-huit ans. »

Non seulement vous ne les lirez pas, mais vous les détruirez.

..... Justice pour tous
La mauvaise herbe, il faut qu'on la brûle ou la fauche ;
Maudites soient du ciel les œuvres de débauche,
Leur influence, hélas ! flattant nos vils penchants.
Commence sur des rois aveugles ou méchants ;
Bientôt, après le chef qui l'aime ou la tolère,
Elle va gangrener la masse populaire.
Et l'œuvre détestable à chacun de ses pas,
Fait d'autant plus de mal qu'elle descend plus bas.
Moi, soldat, je le sais ; je sais que tel ouvrage,.
En abaissant l'esprit, abaisse le courage (1).

---

(1) H. DE BORNIER. *Le Fils de l'Arétin.*

Cette conduite n'est pas trop sévère, car le mauvais livre c'est l'ennemi, cause des hontes du présent et des ruines de l'avenir.

A propos de telles lectures, M. H. de Bornier s'exprimait ainsi dans son discours de réception à l'Académie française. Evoquant le souvenir de Françoise de Rimini, rencontrée par Dante dans l'enfer éternel et damnée à la suite de la lecture d'un mauvais livre.

« Vous connaissez tous, disait-il, le vers de Dante, au Ve chant de l'*Enfer*, le plus terrible anathème qui ait été lancé contre les ouvrages corrupteurs, un de ces cris de génie qui retentissent dans un poème comme un cri de lion dans la montagne. Ce vers fait allusion à un roman célèbre *Lancelot du Lac*, dans lequel *Gallehaut* (*Galeotto*) *sert de vil entremetteur aux amours coupables du héros et de l'héroïne.* Lorsque Dante interroge Francesca emportée avec Paolo à travers la géhenne de l'adultère, elle raconte comment la lecture de ce roman les a conduits à la faute irréparable, et elle termine par ce vers dont aucune traduction ne peut rendre l'énergie.

Galeotto fù il libro e chi lo scrisse :
Pour nous *Galeotto, ce fut ce livre et celui qui l'a écrit !*

Galeotto !... voilà l'éternel corrupteur, qui peut changer de nom, mais qui est le même pour tous les pays et tous les temps, le voilà flétri par le justicier inflexible ! Fut-il jamais de leçon plus cruelle et plus utile toujours ? Hélas ! quel homme peut répondre de la pureté absolue de ses ouvrages ? — Celui qui a voulu absoudre quelque grand crime de l'histoire... *Galeotto* ! — Celui qui, pour forcer les applaudissements, a jeté au public un de ces vers, une de ces maximes dont les âmes sont longtemps troublées... *Galeotto* ! — Celui qui a calomnié l'honneur, insulté le génie, découragé la vertu, préparé pour le vice et la haine des triomphes infâmes... *Galeotto* ! — Et même celui qui, par crainte du ridicule et du rire des méchants, par une de ces lâchetés intérieures aussi coupables que les lâchetés notoires, n'a pas dit ce qu'il sentait utile et bon de dire... *Galeotto* ! »

Il y a encore toute une catégorie de livres dont il est nécessaire de parler et contre lesquels il est urgent de prémunir la jeunesse. *Ce sont ces livres chimériques, qui ne disent rien à la raison et ne s'adressent qu'à l'imagination et aux sens* ; médiocres par le style et nuls par le fond, qu'un homme ne peut lire sans mépris pour lui-même parce que leur lecture est un sacrifice au néant. Il n'y a que les esprits faux, légers et superficiels, disait un jour Rollin, qui puissent s'attacher à de pareils ouvrages, qui ne sont que des rêveries creuses d'un écrivain sans poids et sans autorité, et les préférer à des histoires belles et solides ; la vérité seule est la nourriture naturelle de l'esprit, et il faut qu'il soit bien malade pour lui préférer ou même lui comparer des fictions et des fables.

Je comprends qu'en un jour de fatigue, et pour vous distraire d'un travail trop absorbant, vous vous amusiez à feuilleter un de ces volumes tout pétillant du vieil esprit gaulois, ou bien que vous vous laissiez bercer par le rythme de quelques vers harmonieux. C'est là une sorte de nécessité. Votre esprit a besoin de repos comme votre corps. Mais faire de ces lectures votre occupation habituelle, c'est un des plus sérieux obstacles à votre formation intellectuelle.

Tout d'abord, c'est du temps perdu, du temps qui serait

mieux employé à l'étude d'ouvrages sérieux. « L'expérience nous apprend qu'une fois qu'on s'est adonné à ces lectures enivrantes ce sont les heures et les jours, quand ce ne sont pas les nuits, qui se consument dans ces débauches de l'imagination, au préjudice du devoir, qui le premier en fait les frais. *Vous y perdez le gout de l'étude et dès lors le fruit de l'étude* ; car comment se complaire encore dans les sévères méditations des langues, des sciences, de l'histoire et de la philosophie, lorsqu'on a la tête en proie à ce délire ? Vous y perdez l'énergie de chacune de vos facultés ; l'intelligence s'enténèbre, on n'a plus le goût des choses solides, et la lumière de la foi baisse et pâlit au sein de cette atmosphère. » (1)

Quels livres faut-il lire ? — *Il ne faut lire ici-bas que les chefs-d'œuvre des grands noms*, disait le Père Lacordaire, *nous n'avons pas de temps pour le reste.*

Un livre est un chef-d'œuvre quand il réunit cette double condition exigée par La Bruyère : « Quand une lecture vous élève l'esprit et vous inspire des sentiments généreux, ne cherchez pas une autre règle pour juger de l'ouvrage : il est bon et fait de main d'ouvrier. »

Des chefs-d'œuvre, quelle langue en compte autant que la nôtre ? Depuis cette admirable pléiade d'auteurs du grand siècle jusqu'à nos jours, que de noms, aujourd'hui encore, la gloire des lettres françaises ; que d'ouvrages dans lesquels l'élégance du style s'alliant à la force des pensées servent de modèles aux plus érudits de notre temps.

Il faut être bien naïf et bien sot pour faire cette réflexion que j'ai surprise maintes fois sur des lèvres de jeunes pré-

(1) BAUNARD. — *Collège Chrétien.*

tentieux : « Parmi les auteurs catholiques, nous n'en avons aucun qui vaille la peine d'être lu. » Et dire que ces jeunes gens-là n'avaient jamais ouvert ni Montalembert, ni Veuillot, ni Ozanam, ni Gratry, ni Lacordaire, ni même Bossuet, Bourdaloue ou Pascal. Et si par hasard ils en avaient parlé, car pour se donner un certain vernis d'érudition, ils aiment à discuter le mérite de tel ou tel auteur, c'était suivant leur méthode habituelle, sans savoir ce qu'ils disaient. Pauvres petits esprits ! restez dans votre superbe indifférence, nous n'avons pas besoin de vous dans nos rangs, vous ne pourriez qu'être nuisibles à la cause que nous défendons, car rien ne fait autant de mal qu'un ignorant qui prétend tout savoir.

Vous lirez donc nos chefs-d'œuvre, vous vous en pénétrerez, vous les vivrez. Soyez bien persuadés que vous en retirerez de grands avantages. Votre intelligence y trouvera la vérité qu'elle cherche, votre imagination la beauté de la forme dont elle est si friande, votre volonté des excitations qui la pousseront vers les hauts sommets du bien et de la vertu.

Permettez-moi de vous signaler un livre en particulier, et celui-là devrait être entre les mains de tout chrétien, car c'est son véritable trésor, son mémorial et son bréviaire sur le chemin de la vie, l'Evangile. Ne passez pas de jour, sans en lire, sans en méditer quelques versets. Vous ne tarderez pas à constater que « sous chaque mot du Livre sacré, la vérité brille comme une étoile, qu'elle palpite comme un cœur. » (1)

Votre foi a besoin d'être fortifiée, nourrie, lisez les grands apologistes modernes, et lorsque vous serez suffisamment

(1) Fr. COPPÉE. — *La Bonne Souffrance* (Préface).

préparés, sous une sage direction, abordez nos grands théologiens, en particulier saint Thomas d'Aquin. Sa *Somme théologique* demeure le livre de notre temps, non seulement celui du clergé, mais celui des laïques qui veulent s'affermir dans leur foi et la défendre contre des attaques aveugles ou haineuses

Des notes de Barbey d'Aurévilly, le célèbre critique qui fut une puissance dans la presse parisienne, notes publiées par la *Revue bleue*, nous montre le culte de cet esprit si ouvert et si curieux pour saint Thomas.

Après de longues années, il est revenu à Saint-Sauveur, en Normandie, au château paternel, durant l'hiver de 1864. Les soirées sont longues, tristes, solitaires ; il découvre dans la vieille bibliothèque la *Somme* de saint Thomas ; il la lit avec un charme inexprimable.

« Resté, écrit-il, jusqu'à cette heure qui est minuit à lire la *Somme théologique* de saint Thomas. Le jour de l'Immaculée-Conception, il assiste au salut en l'église de sa jeunesse qui évoque pour lui tant de souvenirs et au retour : « Lu du saint Thomas dans le salon. » — Un autre soir : « Travaillé, lu du saint Thomas jusqu'à deux heures du matin. — Lu du saint Thomas et du Joubert toute la soirée, sans désemparer saint Thomas est une rude *moelle de lion*, dont je retrouverai l'influence dans ma santé intellectuelle, quand je vais reprendre ma vie militante à Paris. . »

Liste des principaux auteurs et ouvrages français condamnés par l'index.

Balzac : Tous les romans; *Champfleury* : Tous les romans ; *D'Alembert* : Encyclopédie ; *Diderot* : Encyclopédie ; *Dumas, père et fils* : Tous les romans ; *Flaubert* : Madame Bovary ; *Hugo Victor* : Notre-Dame de Paris, les Misérables ; *La Fontaine* : Contes et nouvelles ; *Lamartine* : Jocelyn, La chute d'un ange ; *Lamennais* : Paroles d'un croyant, et quelques autres ouvrages ; *P. Larousse* : Grand Dictionnaire universel ; *Lasserre* : [illegible] Saints Evangiles ; *Michelet* : Du prêtre, de la femme, de la famille ; Le prêtre, les Jésuites ; *Montaigne* : Les essais ; *Montesquieu* : L'esprit des lois, Lettres persanes ; *Murger* : Tous les romans ; *Pascal* : Les Provinciales ; *Renan* : Vie de Jésus, et presque toutes les œuvres ; *Rousseau* : Emile, Contrat social, Nouvelle Héloïse ; *Sand (George)* : Tous les romans ; *Simon (Jules)* : La religion naturelle ; *Stendhal* : Tous les romans ; *Strauss* : Vie de Jésus ; *Sue (Eugène)* : Tous les romans ; *Taine* : Histoire de la littérature anglaise ; *Voltaire* : Toutes les œuvres, excepté le *Théâtre* et la *Henriade* ; *Zola* : Toutes les œuvres.

VIII

La Lecture (suite)

Comment faut-il lire ?

La lecture est un puissant moyen de formation intellectuelle. Mais suffit-il de lire pour nous assimiler et faire nôtres les pensées de nos devanciers ? C'est, semble-t-il, l'opinion d'un grand nombre de nos contemporains. On transporte dans la lecture la fièvre de notre vie moderne. Lire rapidement, lire beaucoup, voilà l'idéal. « Le monde, a écrit un moraliste, est travaillé d'une véritable fureur, celle de la lecture. Notre siècle est malade de trop lire. Le public est une sorte de boa constrictor à mille et mille têtes, dont l'appétit vorace se repait et se gonfle de papier maculé, et dont la digestion à l'air d'une agonie. » Dans ces lectures hâtives, on ne recherche guère que ce qui amuse, flatte ou distrait. Aussi ne retirons-nous que peu ou point de profit des heures entières que nous y consacrons. Nous ne savons plus lire.

Pour qu'une lecture soit fructueuse il faut tout d'abord y apporter de l'**attention**.

Saint Thomas d'Aquin, dans sa *Somme théologique*, consacre toute une question à ce qu'il appelle *la Studiosité*, c'est-à-dire, suivant sa propre définition, une forte, une véhémente attention de l'intelligence au travail qu'elle accomplit.

Si nous voulons pénétrer la pensée d'un auteur, en approfondir tout le sens, en extraire la moelle, il est évident, que nous devons apporter dans notre lecture cette studiosité, cette attention qui, faite de recueillement et d'application, multiplie les forces de notre esprit en les concentrant sur un sujet déterminé. « Par l'attention, remarque Balmès, l'homme s'enrichit sans cesse ; c'est à l'attention qu'il doit la clarté et la précision des idées. Ceux qui ne savent prêter aux choses qu'une attention indécise, dispersent leur esprit sur toutes sortes de sujets... L'attention tient note des moindres paillettes et les recueille ; la distraction laisse tomber à terre, comme choses de rebut, l'or et les pierres précieuses. » Lisez lentement, sans précipitation. C'est la seule manière de vous nourrir de votre lecture, et de la faire, d'après le mot d'un ancien, passer dans votre substance. N'a-t-on pas dit, que pour bien entendre une belle et grande pensée, il faut peut-être autant de temps que pour la concevoir ! (1).

Le célèbre Balmès, avait, parait-il, une singulière manière de lire. « Etudiait-il un livre, il en lisait préalablement le titre et le sommaire. Puis, le refermant, il se demandait : Comment m'y prendrais-je pour traiter le même sujet ? Là-dessus, se mettant la tête dans ses mains, il travaillait à résoudre par lui-même et lui seul la question proposée,

---

(1) JOUBERT. — *Pensées* II, 334.

s'en donnant à lui-même, par cette méditation, une première solution aussi complète que possible. C'était seulement ensuite qu'ouvrant le livre de nouveau il lisait les réponses et les solutions de l'auteur, les comparant avec les siennes, contrôlant les unes par les autres, et fortifiant sa pensée de celle de son livre. »

Il n'est point nécessaire de s'astreindre à pareil travail; mais, ne devrions-nous pas l'imiter dans une certaine mesure ? Quand nous avons achevé la lecture d'un livre ou d'un article de revue, posons-nous cette question : Qu'a voulu dire l'auteur ? Sa thèse est-elle prouvée ? Si, oui, pourquoi ; si, non, pourquoi encore. Examinons un à un tous les arguments, pesons-en chacun des termes. Puis demandons-nous : Si j'avais à traiter ce sujet, est-ce que j'aurai procédé de la même manière ?

Combien y a-t-il de jeunes gens, qui, après avoir parcouru un livre sont incapable de le résumer avec précision et même quelquefois d'en donner l'idée maîtresse. Ils ne l'ont pas médité. Que leur reste-t-il de tant de lectures ? rien, sinon une nomenclature de titres et de noms d'auteur. Si une discussion s'engage sur un des ouvrages qu'ils affirment avoir lu et même goûté, ils ne savent dire que des banalités. Ce livre est parfait, je l'aime beaucoup, l'auteur s'est vraiment surpassé, c'est son chef-d'œuvre. Tous les vieux clichés de l'approbation, bagage démodé des faiseurs de comptes rendus à tant de la ligne, reviennent sans cesse dans la conversation.

Réfléchissons beaucoup en lisant et réfléchissons encore davantage après avoir lu.

A l'attention, il faut joindre la **méthode**.

Certains ne sont occupés qu'à entasser pêle-mêle dans leurs têtes des notions prises ici et là, sans lien ni suite. Leur esprit ressemble à une boutique de bric-à-brac où il y a de tout et où il est impossible de rien trouver. Ils méritent qu'on leur applique cette boutade d'un malin auteur à l'adresse d'un érudit dont le pédantisme l'irritait : « Sa tête est une vraie bibliothèque, mais desservie par un bien sot bibliothécaire. »

Ne lisez pas tout ce qui, au hasard, vous tombe sous la main. Lisez ce qui vous est nécessaire ou utile, ce qui se rapporte à votre état d'âme, à votre situation présente ou future. Ayez toujours un but, même dans des lectures en apparence insignifiantes. Lisez pour perfectionner votre style, pour acquérir des idées, pour meubler votre imagination de mots qui vous aideront à vous exprimer.

On parle beaucoup dans le monde littéraire et scientifique des spécialistes. Ceux-là seuls qui travaillent toujours dans une même ligne parviennent à faire œuvre durable. Sans faire de l'exclusivisme à outrance, sans aller jusqu'à se mettre des œillères pour ne pas voir ce qui se passe à côté, prenons de cette méthode ce qu'elle a de bon.

Certains maîtres recommandent d'étudier un auteur ou même une époque et de s'astreindre à ne pas entreprendre un autre travail sans avoir, et de l'auteur et de l'époque, une connaissance suffisante. Cette façon d'agir paraît très naturelle. Et cependant, ils sont bien peu nombreux ceux qui possèdent à fond toutes les œuvres de tel ou tel de nos grands auteurs. Combien, par exemple, y en a-t-il parmi nous qui ont lu tout Bossuet ?

Si vous ne vous sentez pas le courage d'adopter cette

méthode, qui demande un grand esprit de suite et aussi beaucoup d'abnégation, prenez au moins la résolution d'achever la lecture d'un livre, quand vous l'avez commencée. A moins toutefois que sa nullité soit tellement manifeste qu'elle apparaisse dès le premier chapitre. Et cela arrive assez fréquemment de nos jours. Les habitués des librairies l'apprennent souvent à leurs dépens. Alléchés par un titre mis en vedette avec art, par des sommaires de chapitres très affriolants, ils achètent le volume. Quelle cruelle déception, quand, le soir venu, ils en commencent la lecture et ne découvrent sous ce pompeux fatras qu'une misère noire.

Ne soyez pas de ceux qui courent d'un livre à un autre sans s'arrêter à aucun et perdent ainsi leur temps et le goût du travail. Un livre vous a fait plaisir, il convient à votre tournure d'esprit, vous y avez trouvé exprimé en un fort beau langage d'excellentes pensées, ne craignez pas de le relire. Tous nous rencontrons de ces livres-là, chez les anciens ou chez les modernes, plus ou moins suivant notre tempérament et notre éducation intellectuelle. Que dans notre bibliothèque ils occupent une place d'honneur. C'est à eux que nous aurons recours dans nos heures de fatigue, de découragement ou de tristesse. A parcourir ces pages, qui autrefois nous ont émus et nous ont fait du bien, notre âme revivra les impressions déjà ressenties et la joie renaîtra en elle.

Surtout que notre méthode ne soit pas celle de ceux qui, en fait de livres, ne connaissent que les titres. C'est trop simple. Je me souviens d'une certaine conversation, qu'un jour j'eus avec un jeune homme et dont j'ai gardé souvenance. La discussion s'était engagée sur un écrivain fort connu, M. Huysmans. Que cet auteur soit critiquable, cela ne fait de doute pour personne ; mais, il mérite qu'on le connaisse et l'étudie. Mon interlocuteur s'indignait de la faveur avec laquelle le public avait accueilli certains livres de l'auteur de « En Route » . C'était pour lui un signe de la décadence du sens littéraire de notre époque. La condamnation était sans appel. Voulant donner une base solide à la discussion, et c'est un détail auquel ordinairement on ne pense pas et qui cependant est d'une importance capitale, j'eus, dis-je, la naïveté de lui demander de vouloir me citer quels ouvrages de M. Huysmans il avait lus. Etonné sans doute par la question, ingénument il me répondit : *mais aucun*. Stupéfait d'une telle audace je laissai là notre entretien. Combien y en a-t-il qui parlent ainsi et qui ne connaissent des volumes que les titres ou certaines appréciations saisies au vol, lues dans un journal ou dans les colonnes bibliographiques d'un périodique et qui critiquent, prononcent des jugements qu'on croit infaillibles, tant il y a d'assurance chez leurs auteurs.

Enfin, ne vous perdez pas dans des livres trop au-dessus de votre intelligence. Suivez ce conseil de saint Thomas d'Aquin : « Vous me demandez, écrivait-il à un jeune homme, quel est le véritable moyen de réussir dans vos études et d'arriver sûrement à la sagesse ? Le conseil que je vous donne, c'est de ne pas vous attacher tout d'abord aux questions difficiles, mais de vous élever comme par degrés. La connaissance des vérités plus simples vous conduira sensiblement à la connaissance des vérités plus profondes » (1).

---

(1) St Thomas d'Aquin.— *Lettre à un jeune homme sur la manière d'étudier.*

Quand vous voulez vous initier à une question, étudiez-en d'abord les principes élémentaires, même dans les manuels. Votre orgueil enfantin s'en trouvera blessé peut-être, mais votre intelligence y gagnera.

Je termine ce chapitre par un dernier conseil : dans vos lectures, **prenez des notes.**

Beaucoup de jeunes gens doués d'une excellente mémoire croient cette recommandation absolument inutile. C'est là une illusion, et pour leur bien, je voudrais la chasser de leurs esprits. Combien de fois n'ai-je pas entendu dire à des hommes obligés de faire un travail : ah ! si autrefois j'avais pris des notes que de recherches longues et ennuyeuses je me serais épargnées ! Sur ce sujet, j'avais autrefois des idées claires, maintenant j'ai la tête vide.

« Ne vous fiez pas à la mémoire. La mémoire n'est fidèle et complète qu'en présence des objets. La mémoire est une faculté qui oublie. Quand la lumière céleste des idées luit sur elle, elle croit que cette lumière ne lui sera point ôtée et qu'elle verra toujours le même spectacle : n'en croyez rien ! Quand la lumière se sera retirée, la mémoire pâlira comme la nature quand le soleil s'en va ; car ici, l'absence c'est l'oubli » (1).

Comment suppléer à ce défaut de mémoire, par l'écriture. Il n'y a pas de meilleur remède contre l'oubli : « Beaucoup de choses, disait déjà Clément d'Alexandrie, pour n'avoir pas été écrites s'échappent à la longue de notre mémoire. Il en est aussi dont le souvenir est fort affaibli et presque éteint. Mais ce qui est écrit demeure toujours et reproduit les mêmes choses aussitôt que vous les consultez ».

(1) P. GRATRY. — *Les Sources*, page 19.

Habituez-vous donc à lire la plume à la main, Mais, ne prenez pas au hasard tout ce que vous rencontrez. Ne copiez pas des pages entières, j'allais dire des volumes entiers, car la chose arrive. C'est du temps perdu. Ecrivez une pensée qui vous aura frappée, un beau passage. Résumez, en quelques propositions, l'idée principale d'un livre.

Imitez l'industrieuse abeille : « Elle néglige tout ce qui ne lui est pas utile ; elle passe par-dessus les plantes et les fleurs dont elle n'espère tirer aucun profit, elle ne s'arrête qu'à celles dont elle peut s'assimiler la substance ; et là encore, elle prend le suc, c'est-à-dire ce qu'il y a de plus doux, de plus nutritif ; elle extrait la moelle, la digère, l'élabore, et après s'en être nourrie elle-même, elle en fait la nourriture des hommes. Ainsi travaillent les bons esprits. Ils ne s'amusent pas à des riens ; c'est au fond et à la substance des choses qu'ils s'attachent. Il ne s'agit pas pour eux simplement d'amasser des connaissances de toute sorte, plus ou moins inutiles, mais de se bien pénétrer des vérités qui leur sont nécessaires, d'en faire leur profit, de se composer un trésor inépuisable pour tout le cours de la vie. De tout ce qu'ils lisent, de tout ce qu'on leur enseigne, ils retiennent ce qu'il y a de plus substantiel, de plus nourrissant, ils se l'assimilent comme les abeilles, et négligent tout ce qui leur est superflu, pour s'en tenir à cette fleur du froment intellectuel dont se fait le noble aliment qui rassasie les âmes » (1).

Ne jetez pas ces notes au hasard, sur un morceau de papier. Autant en emporte le vent. Prenez-les méthodiquement,

---

(1) Mgr. FREPPEL. — *Œuvres Oratoires.*

cataloguez-les de façon à pouvoir les retrouver facilement, quand le moment sera venu de vous en servir.

Le Comte de Maistre lisait beaucoup, c'est son fils qui nous l'apprend. Il lisait systématiquement la plume à la main. Il copiait dans un volume relié, posé à côté de lui, les passages qui lui paraissaient remarquables et les réflexions que ces passagès faisaient naître. C'était un arsenal où il puisait les souvenirs les plus variés, les citations les plus heureuses, sans perdre de temps en recherches inutiles.

« Voyez d'ici ces volumes immenses couchés sur mon bureau, disait-il un jour à un de ses amis, c'est là que depuis plus de trente ans j'écris tout ce que mes lectures me présentent de plus frappant. Quelquefois je me borne à de simples indications ; d'autrefois je transcris mot à mot des morceaux essentiels ; souvent je les accompagne de quelques notes et souvent aussi j'y place ces pensées du moment, ces illuminations soudaines qui s'éteignent sans fruit si l'éclair n'est fixé par l'écriture ..

Et maintenant vous ne sauriez croire avec quel plaisir je parcours cette immense collection. Chaque passage réveille dans mon âme une foule d'idées intéressantes et de souvenirs mélancoliques mille fois plus doux que ce qu'on est convenu d'appeler plaisirs. »

Dans un charmant petit coin de la Bourgogne, au milieu d'un nid de verdure, tout parfumé des pénétrantes senteurs du pin, émerge l'antique manoir de la Roche-en-Brenil. C'est là que le comte de Montalembert vécut de longues années, partageant ses journées entre le travail et la vie de famille.

Un jour, plus en pèlerin qu'en touriste, j'eus le bonheur

de visiter cette seigneuriale demeure. Après avoir franchi le vieux pont-levis et traversé d'immenses salles, à l'aspect sévère et presque monacal, j'arrivai à la coquette petite chapelle où si souvent l'illustre défenseur de l'Eglise, seul ou en compagnie de ses amis, répandit son âme devant Dieu. Une plaque commémorative, où sont inscrits les noms de Lacordaire, Dupanloup, Cochin, Foisset et d'autres encore, rappelle les heureux instants que ces amis vécurent ensemble. Je m'agenouillai sur le prie-Dieu où souvent ce champion de la foi, aux heures de déchirantes angoisses, avait pleuré et prié. Et doucement, pour remercier le ciel d'avoir donné à notre temps un si beau caractère, je murmurai le chant de reconnaissance des âmes chrétiennes, *Magnificat.*

Une chose surtout m'attirait, c'était la bibliothèque. On m'avait bien des fois parlé de l'amour de Montalembert pour le travail, de ses longues veilles passées dans l'étude de la vie monastique et des grands problèmes qui passionnaient la société d'alors. Au hasard je pris des livres, souvent d'apparence insignifiante, tous étaient annotés de sa main. J'ouvris des volumes, croyant me trouver en face de vénérables in-folio. C'étaient des cahiers de notes. Là se trouvaient, catalogués suivant la matière, des extraits de journaux, des citations d'auteurs.

Devant cet immense travail, ma surprise fut grande, autant que mon émotion. Comment une vie d'homme, remplie d'ailleurs par une si féconde action, avait-elle pu suffire à pareille tâche ?

Voilà qui doit nous servir d'exemple, à nous qui avons l'ambition de travailler pour Dieu et pour la Patrie.

IX

Les Cercles d'Etudes

L'isolement, n'est-ce pas la grande souffrance du cœur ? Un homme a besoin de sentir à ses côtés un autre homme, à qui il pourra, aux heures de tristesse et de lassitude, confier ses peines. Dans la solitude, notre cœur s'étiole et languit.

Souffrance, l'isolement est aussi une faiblesse. Au contact d'autres âmes qui partagent nos croyances et nos convictions, nous sentons grandir nos énergies. En se voyant moins seul, on se sent plus fort.

C'est le besoin inné de lutter contre ce rétrécissement de notre nature, conséquence de l'isolement, qui a poussé les hommes à s'unir. Le vieux proverbe essentiellement humain et surtout bien chrétien : « *L'union fait la force* » est redevenu, après de longues années d'individualisme à outrance, le programme de nos sociétés modernes.

« Mais si à tous les âges, cet isolement est une souffrance cruelle et un danger redoutable, pour la jeunesse il est un mal dont les ravages sont effrayants. »

Aussi à peine la Jeunesse Catholique avait-elle pris conscience d'elle-même et de ses devoirs, que naturellement elle a cherché dans l'association, sa vie et sa force. Et alors, comme spontanément, on a vu naître sur notre sol, patronages, cercles d'étudiants, cercles d'ouvriers, conférences.

Pour ne pas sortir du cadre de notre travail, nous ne parlerons que des *Cercles d'Etudes.*

Un cercle d'etudes est un groupe de jeunes gens qui se réunissent dans le but de se consacrer à l'étude des questions religieuses, philosophiques et sociales. Ils veulent, en se tenant au courant des idées et des aspirations de leur époque, se préparer à être des chrétiens foncièrement convaincus, des citoyens intelligents et intègres, capables de défendre leur foi et de servir leur pays.

Quels sont les avantages des Cercles d'études pour la formation de la Jeunesse ? — Le premier est d'établir entre tous les membres du cercle, *une saine et franche camaraderie.*

S'il y a si peu d'amitiés véritables et surtout profitables entre jeunes gens, c'est que la plupart de ces amitiés manquent de fondements réels et solides. Aussi, combien de temps durent-elles, ces amitiés qui n'ont d'autre motif que le caprice ou les charmes extérieurs ?

Ce que durent les roses, l'espace d'un matin.

C'est pourquoi, ordinairement, toutes ces amitiés de collège ne résistent pas à la séparation, quand par hasard elles ont duré jusqu'à la fin des études. Seules celles-là persistent qui ont l'âme pour objet, c'est-à-dire ce qui en nous résiste aux changements, aux vicissitudes, aux inconstances de notre pauvre cœur.

On ne s'aime pas si on ne se connait pas. C'est là une vérité philosophique que tous nous avons souvent expérimentée.

Et comment se connaitre sans aller au fond de l'âme. Plus les âmes sont proches les unes des autres, en contact continuel, plus elles sont disposées à s'aimer, à moins, évidemment, d'oppositions formelles.

Avec les cercles d'études, nous atteindrons évidemment ce but. Par suite de l'habitude de se communiquer ses vues personnelles, ses manières de voir, il s'établit une certaine intimité entre les âmes. On aime à se trouver ensemble, on se recherche pour parler de ses livres, de ses projets littéraires et même de ses ambitions religieuses ou sociales, de tout un monde de sujets aimés. Tout est commun entre les amis. On se fait part de tout avec une confiance réciproque qui va souvent jusqu'à la naïveté.

« La parole, a-t-on dit très justement, établit entre ceux qui se parlent une association bien plus intime qu'on ne le croit communément ; et bien peu de personnes soupçonnent tout ce qui se passe d'une âme dans une autre par la conversation et quelle prodigieuse transfusion de pensées, de sentiments, d'influence et de vie se fait dans ce commerce ineffable dont notre langue exprime si bien la nature sous le *nom d'entretien.* Avez-vous jamais bien compris la force et l'étendue de ce mot qui exprime à la fois une des images les plus gracieuses et l'une des idées les plus profondes du langage humain ? Les âmes, par la parole, se tiennent entre elles comme si elles étaient serrées par des liens étroits et mystérieux » (1).

Mais pour que cette intimité fondée sur ce qu'il y a de plus élevé en nous, la vie intellectuelle, s'établisse, il faut

(1) Charles SAINTE-FOI. — *Heures sérieuses d'un Jeune homme.*

de *la simplicité dans les rapports*. Ne perdons jamais de vue que nous sommes des camarades. Allons les uns aux autres avec franchise et rondement. Ayons peur du formalisme et de la manie du galon comme de la peste. *Cette simplicité* n'exclut pas la politesse ni la distinction, elle en est comme la fleur.

La simplicité est nécessaire, *la charité fraternelle* l'est davantage encore.

Nous sommes réunis pour mettre en commun nos lumières et nos jeunes activités, pour travailler de concert au même ouvrage, et pour cela nous avons adopté une méthode spéciale. Un d'entre nous est désigné pour traiter un sujet. La première chose à faire est de l'aider en lui prêtant les livres dont nous pouvons disposer, en lui donnant de bons conseils. Corrigeons son travail avec le désintéressement et les délicatesses de l'amitié, sans faiblesse d'une part, sans mesquine susceptibilité de l'autre. Puis, quand vient le moment de la discussion, conservons toujours les formes, évitons les paroles dures, mettons partout l'onction de la charité. Mais, de grâce, ne transformons pas non plus ces cercles d'études en sociétés d'admiration mutuelle. Ce serait la ruine. Ils pourraient bien, après avoir commencé par de fades compliments, finir comme cette scène de Molière, dans les *Femmes savantes* (1), par de grossières injures.

Il y a dans les *Souvenirs et Portraits* de Ch. d'Héricault un passage charmant que les membres des cercles d'études feront bien de méditer. « Nous conservions notre naturel, dit-il, nous avions nos travaux particuliers, à côté de nos tra-

(1) Acte III, scène Ve.

vaux communs. Nous nous en faisions confidences pourtant, nous nous demandions conseil. Nous n'eûmes jamais d'autre confident que l'un l'autre et nous ne nous cachâmes jamais rien. Nous avions assez d'estime l'un pour l'autre, nous connaissions assez notre loyauté, notre éloignement naturel pour toute vilenie, exploitation, trahison ; nous étions assez intelligents de la nature humaine pour que nos imperfections et faiblesses pussent se montrer sans confusion, sans rompre la dignité de notre amitié et le fond de respect réciproque sans lequel nulle relation ne dure en sa beauté et bonté ! »

Au point de vue du travail intellectuel lui-même, les avantages ne sont pas moins grands.

Tout d'abord *les cercles d'études nous obligent au travail.* Il faut bien l'avouer, en règle générale, les jeunes gens, leurs études finies, ne travaillent plus. Ils s'amusent beaucoup. Ils lisent encore un peu, mais quoi ? un roman à la mode, un journal, et quoi dans le journal ? les articles sérieux ? jamais ; mais avec beaucoup d'attention la chronique théâtrale et mondaine, les bulletins des courses. Combien sont rares les jeunes gens qui veulent se donner la peine d'étudier à fond une question !

Dans une certaine mesure, je comprends les difficultés de l'étude, quand on est seul. On ne sait pas se fixer à un sujet. On les effleure tous sans s'arrêter à aucun. Les heures se passent à se demander ce qu'on pourrait faire. Bien vite on prend le travail en dégoût, car il n'y a pas de pire ennemi de l'étude que l'indécison. A cette première difficulté s'en ajoute une autre, plus décourageante encore, elle provient de notre impuissance à comprendre certaines questions.

A chaque pas, nous sommes arrêtés par des objections que nous ne pouvons résoudre. Puis le terrible *à quoi bon* qui a fait tant de victimes se pose. Pourquoi étudier ? j'en sais assez ! je n'aurai peut-être jamais besoin de cela, je saurai me tirer d'affaires.

Or, avec le cercle d'études nous n'avons pas à redouter ces inconvénients. En effet, plus d'indécision ni de tâtonnement dans le choix du sujet. Le travail est parfaitement déterminé. C'est telle question qu'il faudra traiter et non pas une autre. Et même, si elle est trop vaste, on spécifie le point de vue.

Au jour convenu, on se réunit. Le membre désigné donne son travail et la discussion commence. Elle doit être méthodique et surtout, ne l'oublions jamais, très cordiale. Chacun expose ses difficultés, ses manières de voir, car tous doivent avoir préparé le sujet Autrement, nos réunions ressembleraient à des cours de Sorbonne ou à des séances d'Académie, mais ne seraient plus ce qu'elles doivent toujours être, une véritable « *coopération d'idées* ».

On retire de ce travail en commun de grands avantages. Les idées se gravent mieux dans l'esprit. On comprend l'importance d'une question, son retentissement dans la vie individuelle ou sociale Au contact d'autres intelligences, notre intelligence grandit. Nous devenons plus larges dans nos manières de voir. Nous perdons cette habitude, défaut ordinaire de la jeunesse, de tout critiquer, de tout juger suivant nos petites vues personnelle . Bref, nous apprenons à penser, à parler notre pensée, à la propager, et ce qui est meilleur, nous sentons, sous la chaude influence d'une vérité plus complète, plus lumineuse, nos convictions intimes s'affermir et devenir, comme la vérité elle même, inébranlables.

Sans avoir la prétention d'épuiser la question, il nous faut dire un mot du *caractère des études des cercles, du directeur et des membres*

Caractère des études.— En premier lieu, *elles doivent avoir pour but unique la recherche de la vérité*, pleine et entière. « C'est elle que vous rechercherez à travers les ombres de l'histoire, pour la mettre à la place des mensonges accumulés par l'école révolutionnaire ; à elle que vous rendrez hommage, quand, parmi les décombres du passé, vous retrouvez la trace de nos gloires nationales ; elle encore que vous voulez servir en exerçant votre jugement sur les hommes ou sur les écrits d'une époque, pour vous apprendre à modérer, suivant les règles de la justice, vos préférences et vos répugnances naturelles ; à elle surtout que vous êtes fidèles, quand, abordant les graves questions qui touchent aux choses de la foi, vous vous prononcez ouvertement contre l'erreur, en détournant les yeux des séductions dont elle s'enveloppe pour faire acte de soumission absolue aux définitions de l'Eglise

Vérité historique, vérité littéraire, vérité philosophique, toutes viennent ainsi se fondre dans la grande vérité catholique qui embrasse toutes les autres, qui leur sert de règle et de fondement, et dont l'incomparable lumière répand sur les sciences, sur les arts et sur les lettres un éclat qui fait pâlir toutes les couleurs d'emprunt du paganisme moderne » (1).

(1) Comte DE MUN. — *Discours*, Tom. I, page 222.

Nos études doivent être essentiellement progressives. C'est-à-dire proportionnées à la science des membres. Ainsi, il serait imprudent, dans un cercle composé presque exclusivement d'ouvriers, d'adopter le programme d'un cercle d'étudiants. Dans le choix des sujets, il faut une sage gradation. Il est nécessaire, avant d'aborder les grands problèmes sociaux, d'acquérir les élémentaires notions d'économie politique. Faute de s'en tenir à cette ligne de conduite, on découragera les meilleures bonnes volontés, et on fera prendre l'étude en dégoût.

Enfin, *nos études doivent être à la fois théoriques et pratiques.* Les cercles n'ont pas pour but de former des théoriciens. Nous mourons, hélas! parce que nous en avons trop. Ils doivent façonner, ce qui nous manque, des hommes d'œuvres, intelligents et actifs. La théorie doit servir de base à la pratique, pour la vivifier. C'est pourquoi, il sera bon de faire une large part à l'étude des œuvres économiques, charitables existantes, afin de reconnaître le bien déjà accompli pour le continuer ou le compléter, de voir celui qui n'a pas été fait pour l'entreprendre, de constater les abus pour travailler à leur répression. Il faut que les idées acquises, les convictions affirmées s'animent, deviennent ardentes et agissantes. A ce prix seulement, nos cercles deviendront des éléments de régénération sociale et non pas de simples parlottes ou d'insignifiantes académies des sciences morales et politiques. « D'une façon générale, il serait éminemment précieux qu'il y eut une sorte de compénétration entre l'action charitable ou sociale et les études sociales, que les idées fussent génératrices d'action, que l'action fut instigatrice d'études : agir avec toute son intelligence, étudier avec tout son cœur, voilà l'idéal; en matière d'études sociales comme d'action sociale, l'intelligence et le cœur ne doivent jamais être dissociés. »

Il y a dans les œuvres d'un jeune à l'âme ardente et apostolique, M. Georges Goyau, une page où nous trouvons parfaitement défini l'esprit des cercles d'études (1). « Les études sociales, telles que nous les concevons, ne sont point une occupation de luxe, exclusivement destinée à meubler la mémoire ou à mûrir l'intelligence ; elles doivent avoir une répercussion immédiate et durable sur la vie intérieure de ceux qui s'y livrent ; elles doivent communiquer non pas seulement à leur pensée, mais à tout leur être, une formation chrétienne sociale. Une conférence qui ne serait qu'une parlotte, même très brillante, ou une petite société d'apprentis économistes, même très savante, n'épuiserait pas, par là, tous les bienfaits qu'on doit attendre d'une réunion sociale de jeunes gens chrétiens. Durant les années de transition entre le collège et la vie libre, ce que la plupart doivent chercher et désirer n'est point le renom d'orateurs ou la réputation d'économistes, mais quelque chose de plus général, de plus imprécis, de plus intime aussi et de plus précieux : *l'affinement de leur conscience par la culture du sens social.*

Le sens social, qu'est-ce à dire ? Il est plus aisé d'en constater les exigences que d'en donner une définition précise. C'est en vertu du sens social que le chef de la famille catholique, chaque dimanche, remet au lendemain les commandes qu'il pourrait faire le jour même, de crainte d'immobiliser,

---

(1) G. Goyau. — *Autour du Catholicisme social.* — 2e série (Paris-Perrin).

par ces commandes, les bras ou les cerveaux dont Dieu a voulu l'émancipation hebdomadaire. C'est en vertu du sens social que l'industriel catholique étudiera les moyens de fixer la paye au vendredi, pour permettre à la famille ouvrière de faire, le samedi, les achats urgents que la solde tardive du samedi soir contraint de reporter au dimanche...

Dans le domaine de l'esthétique, le sens social nous garantit contre la séduction de l'art pour l'art, des jeux d'esprit et des jeux de mots, contre ces procédés captieux qui ravaleraient les œuvres littéraires, les « lettres humaines » — comme on disait jadis — à n'être qu'un épanchement morbide du *moi*, contre cet aveugle égoïsme qui fait bon marché des conséquences sociales de ce que l'on pense ou de ce que l'on écrit. Avoir le sens social c'est être pénétré de cette réflexion, que les actes dont on est l'auteur auront une répercussion sur d'autres existences ; et c'est mortifier, au profit du bien d'autrui et sous l'impulsion du souvenir d'autrui, l'absolutisme de la volonté individuelle. Le sens social est une mortification ; l'aptitude à cette mortification est une vertu qui s'acquiert et qui se cultive. Une fois épanouie, elle devient comme une sorte d'instinct qui accoutume le chrétien, d'abord à chercher et à trouver, puis à trouver sans même les chercher, au fur et à mesure des incidents journaliers, les humbles moyens de collaborer à l'avènement du règne de Dieu.

A cette époque où beaucoup souffrent d'être des déracinés, le sens social est un enracinement, si l'on peut ainsi dire : il est la conscience nette, assidue, parfois exigeante et impérieuse, du bien qui rattache l'homme à la société humaine, le chrétien à la société chrétienne, et des obligations qu'entraîne ce double lien. C'est aux conférences d'études sociales qu'il appartient de développer, au fond de l'âme des jeunes, cette sorte d'atmosphère dans laquelle la foi chrétienne elle-même se vient naturellement baigner ; ainsi comprises, elles peuvent et doivent contribuer au perfectionnement individuel de leurs membres ; et lorsque, saisissant un jeune intellectuel, elles l'entraînent dans l'irrésistible engrenage des préoccupations sociales, il faut bien que l'on sache que par là, tout ensemble et d'un même coup, elles le font descendre vers les hommes et monter vers Dieu. »

Le directeur. Si on le peut, et on le peut presque partout, on doit choisir un prêtre Sa science théologique et son expérience des âmes sont dans tous les domaines un apport de lumière et de vie infiniment précieux.

Le rôle de directeur exige un dévouement et une générosité sans bornes. C'est sur lui, en effet, que tout repose. Il est, en quelque sorte, l'âme du cercle

Son devoir, sans doute, est d'assister aux réunions, de conduire les discussions, de les conclure et même parfois de les endiguer, mais encore de suivre et d'éclairer avec beaucoup de tact les plus intelligents, afin d'en faire une élite.

Qu'il se souvienne toujours que l'œuvre des Cercles est essentiellement une œuvre de formation personnelle. Tout en dirigeant les membres dans leurs travaux, il doit leur laisser une très grande initiative. Son influence vient des livres ou des revues qu'il prête, des méthodes qu'il indique, des conseils qu'il donne. Si, la grâce de Dieu aidant, il sait conquérir la confiance des jeunes, au point de devenir véritablement le directeur de leurs consciences, il pourra exercer la grave et religieuse autorité que lui donne sa qualité de prêtre, pour leur apprendre à vaincre leurs passions et à être des hommes.

Les membres. Où faut-il recruter les éléments des cercles d'études ? Certains répondent hardiment : *dans les collèges.* « Il me semble, dit M. Georges Goyau, que dès le collège même, la jeunesse doit être non point sans doute jetée dans la mêlée des doctrines sociales, mais, du moins, munie de certaines connaissances qui lui permettront, ensuite, de se reconnaître et de s'orienter dans cette mêlée. »

La question, je l'avoue, est grave et délicate. Il ne m'appartient pas de la résoudre. Je laisse ce soin aux directeurs de chaque établissement. Ils connaissent leurs élèves ; ils ont pu longuement étudier leurs tendances et les milieux sociaux dans lesquels ils vivent, et ils ont dû se tracer à eux-mêmes une ligne de conduite. Seuls, ils ont les grâces d'état nécessaires pour dirimer la question.

Dans beaucoup de maisons d'éducation, et cela depuis de longues années, on a formé des conférences d'œuvres. Les unes ont un but charitable, les autres un but littéraire, et je connais des établissements où à certaines époques de l'année fonctionnent de véritables cours de justice. Ne pourrait-on pas orienter ces conférences vers les études sociales ? On apprendrait aux jeunes gens à observer ce qui se passe autour d'eux, à constater les besoins des pauvres, des ouvriers, de la société. Ensuite on leur enseignerait les principes catholiques qui seuls peuvent résoudre ces difficiles problèmes et on leur en ferait tirer des conclusions pratiques.

Certains établissements ont introduit dans l'enseignement de la classe de philosophie des notions d'économie politique.

Les Frères des Ecoles Chrétiennes, par exemple, ont inséré dans leur « *Cours de Philosophie* » plusieurs chapitres pour expliquer l'encyclique de Léon XIII « *Rerum novarum* ». Cet admirable document pontifical qui, au dire d'un économiste célèbre, suffirait à illustrer un pontificat et même un siècle, renferme en une magnifique synthèse les enseignements du grand Pape sur la société.

Pourquoi aussi ne pas apprendre aux écoliers à réfuter par eux-mêmes les objections qu'ils entendent chaque jour formuler contre la religion. On pourrait leur demander d'essayer de convaincre un de leurs condisciples de la Vérité de l'Eglise catholique, de la Divinité de Jésus-Christ, ou bien de résoudre une de ces objections fameuses que nos adversaires, à l'esprit peu inventif, nous répètent sans cesse: l'Eglise et l'esclavage, l'Inquisition, l'Intolérance religieuse, la Saint-Barthélemy, etc. Ce serait, à mon humble avis, une app ication pratique et intéressante, parce que vivante et personnelle, des notions qui leur sont abondamment données dans les cours élémentaires et supérieurs d'enseignement religieux. Cette méthode de travail aurait une grande influence sur la formation intellectuelle des jeunes gens. Elle mettrait leurs esprits au point, les habituerait à réfléchir et peut-être leur donnerait la solution de beaucoup de difficultés, encore latentes, mais qui dans un avenir prochain ne manqueront pas de surgir.

Les étudiants des villes, voilà l'élément quasi naturel des cercles. Ceux qu'ils ont fondés sur presque tous les points de la France ont donné de magnifiques résultats, au double point de vue religieux et social.

Les jeunes trouvent dans ces occupations nouvelles et dans la société de leurs camarades un préservatif pour leur vertu, et avec succès ils s'initient aux graves devoirs qui les attendent dans la vie publique.

Il est important, à cet âge critique, de les mettre en garde contre les fausses théories sociales régnantes et contre les sophismes qui journellement battent en brèche leurs croyances et menacent la pureté de leur foi.

Aujourd'hui, grâce au mouvement créé et entretenu par le Sillon et l'Association de la Jeunesse catholique francaise, les jeunes capables de se dévouer pour l'Eglise et pour la Patrie sont devenus légion.

Dans ces conférences fondées par des étudiants faut-il introduire des ouvriers ? Certains cercles l'ont tenté et ils n'ont pas eu à s'en repentir. Ce contact profite aussi bien à l'intellectuel qu'au travailleur. Les uns apportent leur science, les autres l'expérience de leur vie quotidienne, et les études en sont devenues plus vivantes, plus immédiatement pratiques.

On objecte, et non sans un fondement de raison, que cette conscience qu'on peut donner à l'ouvrier de sa propre valeur, le rendra un peu présomptueux. C'est peut-être vrai. Mais ce qui est certain, c'est qu'en l'instruisant, on lui mettra au cœur d'ardentes et chaudes convictions, on le rendra capable de se tenir en garde contre toutes les utopies qu'il entend chaque jour exposées sur l'avenir de la société, les rapports du travail et du capital. Facilement, l'expérience le prouve, on fera de lui un militant et un combatif. A tout prendre, présomption vaut mieux qu'abdication.

Faut-il tenter l'expérience des cercles d'études dans les milieux exclusivement agricoles ? Hardiment je réponds oui. Je connais certains départements français où ils existent en grand nombre, et ils font merveille. On en a établi partout, non seulement dans les centres ruraux, mais aussi dans de petites communes. On y étudie des questions religieuses, des sujets d'ordre pratique, les intéressant immédiatement, comme le petit commerce dans la commune, la situation des ouvriers agricoles. On est surpris de voir l'intérêt que ces jeunes gens prennent à la discussion. Ce qui leur manquait ce n'était point l'intelligence, ni le goût pour ces études, mais bien les sujets d'études. Les résultats moraux et sociaux sont immenses.

Jeunes qui voulez faire quelque chose de votre vie, enrôlez-vous sous la bannière des cercles d'études. Devenez-en, non pas des membres honoraires, mais des membres actifs. Votre intelligence y trouvera la lumière, votre volonté la force, votre cœur de précieuses amitiés.

« Quand les portes de la vie se sont ouvertes devant vous, disait un jour le comte de Mun (1), vous vous êtes élancés sur cette route inconnue, pleins d'une généreuse ardeur et d'une insouciante curiosité ; mais, à vos premiers pas, un trouble singulier s'est emparé de vos cœurs, et, surpris un moment par le tumulte de la vingtième année, vous avez éprouvé cette secrète angoisse du voyageur qui, pour la première fois s'éloigne du rivage. Mais un jour la main d'un ami est venue vous arracher à cette indécision de votre âme et vous a conduits jusqu'ici. Alors, comme un rideau qui tombe tout

---

(1) DE MUN. — *Discours*, Tom. I, page 223-224

à coup, un spectacle inattendu vous est apparu : de jeunes hommes s'entretenaient entre eux de la grandeur et de la beauté des œuvres de Dieu ; la joie brillait dans leurs regards, et la paix de leurs consciences jetait sur leurs visages comme un reflet surnaturel ; leur langage, où l'enthousiasme mêlait ses accents généreux, avait cette ardeur et cette fermeté que la foi donne à ceux qu'elle inspire, et les choses dont ils parlaient, l'histoire et les sciences, les lettres et les beaux-arts, paraissaient tout illuminées de cet éclat incomparable que la vérité répand autour d'elle. Il vous semblait qu'un rayon de l'éternelle beauté eut éclairé tout à coup votre route, et, saisis d'émotion, vous vous étiez transportés dans un monde nouveau, où votre âme était comme baignée dans une lumière inconnue : c'était la lumière du catholicisme.

Alors vous avez senti, n'est-il pas vrai ? que votre vie était désormais fixée, et laissant vos cœurs s'épanouir largement sous la chaleur bienfaisante de cette lumière surnaturelle, vous êtes entrés à pleines voiles dans ces eaux que l'orage ne vient plus tourmenter. Telle est la puissance des œuvres chrétiennes ! Elles exercent sur les âmes un irrésistible empire, et quand on a trempé ses lèvres dans cette coupe enivrante, on la veut épuiser jusqu'au fond. »

X

L'Art d'écrire

Avec son outillage perfectionné, sa puissance d'information rapide, son extraordinaire diffusion, la presse est devenue une véritable puissance. Et par ce fait qu'un commerce intime s'établit entre le journal ou le livre et le lecteur, son influence intellectuelle et morale est immense. De notre temps, où si peu d'hommes pensent par eux-mêmes, elle est la maîtresse des esprits ; elle est, suivant le mot de Fouillée, « *la grande école primaire.* »

Aux mains d'hommes consciencieux et compétents, animés d'un ardent désir d'être utiles à leurs semblables, elle est un puissant instrument de régénération sociale.

Mais quelles ruines souvent irréparables n'accumule-t-elle pas, lorsqu'elle est exploitée par ces folliculaires de bas étages,

> Qui, ne pouvant apprendre un honnête métier,
> S'occupent jour par jour à salir du papier.

Ne sommes-nous pas les témoins attristés du mal fait une presse dont la tâche est, semble-t-il, de traîner dans la boue tout ce qui est pur et sacré, de semer dans les masses des haines redoutables, de déchaîner les passions les plus honteuses, en flattant les instincts grossiers par des descriptions d'un réalisme cynique et par des feuilletons ignobles.

« Vous connaissez les temps présents, disait le Pape Léon XIII ; d'un côté, les hommes sont animés d'*une avidité insatiable de lire* ; de l'autre, un torrent de mauvais écrits se répand en toute licence ; et c'est à peine si l'on peut évaluer quels ravages il en résulte pour l'honnêteté des mœurs, quel détriment en est produit pour l'intégrité de la religion » (1).

Que faire ? Appliquer ce principe de la vieille médecine « *similia similibus curantur.* » Ce qui est vrai dans l'ordre physique l'est aussi dans l'ordre moral. A côté des doctrines destructives de l'ordre social, quelquefois même en elles, il existe un contrepoison naturel qu'il suffit de découvrir et d'injecter à l'organisme malade. A la mauvaise presse il faut opposer la bonne presse. Le journalisme doit servir à organiser comme il a servi à détruire.

En 1871, Louis Veuillot écrivait à propos de la presse : « Je l'ai pratiquée toute ma vie et je ne l'aime pas ; je pourrais dire que je la hais : mais elle appartient à l'ordre respectable des maux nécessaires. Les journaux sont devenus un tel péril qu'il est nécessaire d'en créer beaucoup. La presse ne peut être combattue que par elle-même et neutralisée que par sa multitude. Ajoutons des torrents aux torrents et qu'ils se noient les uns les autres en ne formant plus qu'un marais ou, si l'on veut, une mer. Le marais a ses lagunes et la mer ses moments de sommeil. Nous verrons si là-dedans il sera possible de bâtir quelque Venise... »

(1) Encyclique aux évêques de Portugal, 14 sept. 1886.

N'est-ce pas le conseil que nous donnait l'immortel Pontife? « Puisque les ennemis du nom chrétien ont coutume d'employer la presse quotidienne à corrompre les esprits, il faut que les catholiques comprennent qu'il importe que la défense ne soit pas, sur ce terrain, inférieure à l'attaque. Au nombre des moyens les plus aptes à défendre la religion, il n'en est pas, à notre sens, de plus efficace et *de plus approprié à l'époque actuelle* que celui qui consiste à répondre aux écrits par des écrits et à confondre ainsi les artifices des ennemis de la foi »(1). « Les méchants abusent des journaux pour la diffusion des mauvaises doctrines et la dépravation des mœurs, estimez de votre devoir d'user des mêmes moyens : eux, indignement, pour la destruction ; vous, saintement, pour l'édification » (2).

Les catholiques usent-ils de cette puissance comme ils le devraient ? Sans doute nous devons reconnaître que de louables efforts ont été faits en ce sens. Depuis longtemps déjà, de vieux et infatigables lutteurs se sont consacrés à cette œuvre sainte de l'apostolat par la presse. Mais combien leur nombre est petit parmi l'immense armée des journalistes.

Ecoutez la plainte que ce lamentable état de chose arrachait à l'âme clairvoyante de Léon XIII. « C'est vraiment pénible de voir les bons négliger des armes qui, maniées par les impies avec un charme trompeur, préparent la ruine déplorable de la foi et des mœurs. *Il faut donc que les styles s'aiguisent, que la verve littéraire se déploie pour que le men-*

(1) Lettre à l'archevêque de Vienne, 30 août 1883.
(2) Aux évêques du Pérou, 1884.

songe cède le pas à la vérité et que la voie de la droite raison et de la justice se fasse peu à peu accepter des esprits prévenus » (1).

« Il sera assurément très utile, dit ailleurs le Souverain Pontife, que des hommes instruits et pieux se consacrent à des publications quotidiennes ou périodiques ; les erreurs étant ainsi peu à peu et graduellement dissipées, la vérité se répandra. Les âmes engourdies se réveilleront, et la foi qu'elles cultivent en elles-mêmes pour leur salut, elles se mettront à la professer publiquement et à la défendre avec vaillance. Il faut que les laïques d'élite qui aiment l'Eglise, notre Mère commune, et qui, par leurs paroles ou leurs écrits, peuvent utilement soutenir les droits de la religion catholique, multiplient leurs travaux pour sa défense » (2).

« On a dit que saint Paul, s'il revenait parmi nous, se ferait journaliste. Je le crois vraiment. En effet, que faisait saint Paul ? Il laissait à d'autres, comme tous les apôtres d'ailleurs, le soin d'administrer les Sacrements ; lui, il semait le Verbe : *Nos praedicationi verbi instantes erimus.*

Et pour cela, il cherchait partout des chaires d'où il pût se faire entendre ; il en demandait à la synagogue, dans toutes les juiveries qu'il visitait ; il en demandait à l'aréopage d'Athènes ; il en demandait au théâtre de la grande Diane d'Ephèse ; il en demandait à la prison de Rome.

Supposez qu'on lui eût dit un jour : « Paul, Paul, il y a une chaire d'où l'on peut être entendu non seulement d'une petite synagogue, mais de toute l'Asie Mineure, de la Syrie, de la Palestine, de l'Egypte, de la Grèce, de l'Italie, du haut

---

(1) Lettre apost. aux évêques du Brésil, 18 sept. 1899.

(2) Encyc. *Nobilissima Gallorum Gens*, 8 février 1884.

de cette chaire tu pourras prêcher ton Christ, annoncer la Croix, soulever les peuples vers la vérité, vers la justice. » Je suis sûr que saint Paul aurait dit : « Où est-elle, cette chaire, que j'y monte ! » Et si on la lui avait montrée, il l'aurait escaladée en un clin d'œil, et il y serait resté jusqu'à la fin de sa vie, comme les stylites au haut de leur colonne.

Cette chaire, elle n'existait pas du temps de saint Paul, mais elle existe aujourd'hui.

Elle n'est pas dans les Eglises. Il y a là une chaire où le curé expose la vérité et réfute l'erreur devant cinq cents pieuses personnes. Mais, au dehors, il y a une chaire où le laïque peut se faire entendre de cent mille ou de cinq cent mille hommes. Cette chaire, c'est le journal. Eh bien ! je dis que saint Paul s'il revenait, y monterait (1). Le grand Apôtre ne reviendra pas ; c'est à nous à faire ce qu'il aurait fait, et avec la vigueur et l'enthousiasme qu'il y aurait mis.

L'apostolat par la presse, livre ou journal, est donc une nécessité de l'heure présente. Et par conséquent nous devons nous préparer à l'exercer.

Comment ? **En apprenant à écrire** ; afin de pouvoir livrer au public le fruit de nos labeurs.

Le premier objet de tous nos efforts est de parvenir *à écrire correctement*. Pour cela, étudions et ne perdons jamais de vue les règles de la grammaire. Je n'insiste pas, tant la chose est évidente.

Après la correction, la qualité de notre style doit être la *clarté*. C'est le mérite de la langue française de pouvoir dire les choses clairement.

(1) M. S. COUBÉ. — *Discours au Congrès de la Bonne Presse*, 1905.

Prenons garde de tomber dans le travers de certains écrivains qui afin de passer pour profonds penseurs s'efforcent d'être obscurs. Ils sont au désespoir lorsqu'un lecteur les comprend sans effort et n'est pas obligé de recommencer trois fois une même phrase pour en saisir le sens.

Nos grands auteurs n'avaient pas peur de rendre simplement leur pensée. Imitons-les. Alors on nous comprendra et c'est pour être compris qu'on doit écrire.

Vous acquerrez cette clarté en écrivant beaucoup. « La plume est un scalpel qui dissèque les pensées. C'est seulement quand on écrit ce qu'on voit intérieurement qu'on parvient à distinguer nettement tout ce qu'il y a dans une conception et à s'en donner la claire objectivité. Alors on se comprend soi-même et l'on peut se faire comprendre des autres. »

Travaillez ensuite à donner de *l'élégance à votre style.* « Il faut savoir écrire, disait le P. Gratry (1). Je dirais qu'il vous faut avoir du style, si ce mot n'avait deux sens, dont l'un, le vulgaire, est pitoyable. Dans ce dernier sens il serait bon de dire : pas de style ! comme on dit : pas de zèle ! Le meilleur style en ce sens est de n'en point avoir. Ce style, on le voit assez, sert à déguiser la pensée ou son absence: vêtement toujours un peu de mauvais goût, qui, en tout cas, par cela seul qu'il est vêtement, nous empêche d'arriver à la sublime et saisissante nudité du vrai.

Mais si vous entendez le style dans le sens de ce très beau mot, « *le style c'est l'homme,* » le style, alors, c'est aussi l'éloquence, quand toutefois on la définit avec un maître habile : *L'éloquence n'est que l'âme mise au dehors.* »

---

(1) P. GRATRY. — *Les Sources*, pages 15 et 16.

Ne perdons jamais de vue que nous ne devons jamais sacrifier l'idée au style. « Il faut apprendre à éviter non seulement tout mot sans pensée, mais aussi toute pensée sans âme. » « Les mots, selon la parole de saint Augustin, sont un miroir, et derrière les mots on voit passer les âmes, et au fond des âmes on voit passer Dieu. » Aussi « plus une parole ressemble à une pensée, une pensée à une âme, une âme à Dieu, plus tout cela est beau » (1).

Surtout, soyons nous-mêmes toujours. Ne nous mettons pas à la remorque de tous les écrivains en vogue. Il est des débutants dont tous les efforts tendent à mouler aussi parfaitement que possible leurs phrases sur celles d'autrui. J'ai connu un étudiant qu'on pouvait rendre heureux en lui disant qu'il avait un style à la Brunetière. Le naïf, il mesurait ses périodes sur celles de cet illustre académicien. Même nombre d'incidentes, de mots, c'était pour lui l'idéal. A vouloir être un autre, on cesse d'être soi-même. « Les esprits ouverts à l'invasion étrangère finissent par n'être plus qu'un écho. Chez eux, plus d'initiative, plus de mouvement spontané, plus de résonnance personnelle ; ils n'entrent en branle, ils ne vibrent que sous l'impulsion d'autrui. Au lieu de s'écouter eux-mêmes, ils prêtent l'oreille à tout bruit qui passe pour le recueillir et le répercuter d'une manière à peu près inconsciente. Si aucun souffle ne passe, ces âmes inertes demeurent sans voix et sans harmonie » (2).

Le conseil de M. Rostand, dans *Cyrano de Bergerac* (3) est

(1) JOUBERT. — Pensées.

(2) DE CASTEGENS. — *Horizons intellectuelles.*

(3) *Cyrano de Bergerac*, Acte II, scène 8e.

bon à retenir, il fait écho à celui devenu classique d'Alfred de Musset :

« N'écrire jamais rien qui de soi ne sortit,
Et modeste d'ailleurs, se dire : Mon petit,
Sois satisfait des fleurs, des fruits, même des feuilles,
Si c'est dans ton jardin à toi que tu les cueilles

Que faut-il écrire ?

Telle est la question que plus d'un jeune se pose

Tout simplement ce que vous avez dans le cœur et dans l'esprit. Car écrire, suivant le mot de Lamartine, n'est pas autre chose que produire au dehors un langage qui s'entend, qui se parle, qui retentit dans l'âme humaine, l'écho vivant des sentiments intimes, la mélodie de nos pensées.

Vous aimez votre pays, dites-le ; vous en connaissez l'histoire glorieuse, racontez-la ; vous avez passé de longues heures à vivre par la pensée avec ses héros, faites-nous part des sentiments éprouvés par votre âme au contact de ces grandes âmes ; votre cœur plein d'ardeur et d'enthousiasme trouve qu'on ne marche pas assez vite dans les sentiers du bien, parlez-nous de l'idéal qui vous tourmente et que vous voudriez voir réalisé ; vous constatez des abus, ne craignez pas de les signaler à la vindicte publique ; Dieu a-t-il donné des ailes à votre âme, a-t-il mis une lyre dans votre cœur, chantez, nous lirons vos vers avec joie et bonheur.

Vous aurez de la difficulté à extérioriser ces sentiments de votre âme, à rendre telle qu'elle est votre pensée ; souvent vos pages vous paraîtront bien loin de l'idéal entrevu. Faut-il vous décourager et crier à l'impossible ? Non, cette impuissance n'est pas le fait propre de la jeunesse. A tout âge, *on étouffe dans la vie littéraire., de ce qu'on ne peut dire ni écrire* (1).

N'est-ce pas ce sentiment plein d'une mélancolique tristesse que l'on retrouve dans cette page du *Raphaël* de Lamartine.

« Raphaël improvisait quelquefois, le soir, sous les pins de la villa de Pamphili, en présence du soleil couchant et des ossements de Rome épars dans la plaine, des stances qui me faisaient pleurer. Mais il n'écrivait rien.

— Raphaël, lui disais-je, pourquoi n'écris-tu pas ?

— Bah ! me disait-il, est-ce que le vent écrit ce qu'il chante dans ces feuilles sonores sur nos têtes ? Est-ce que la mer écrit les gémissements de ses grèves ? Rien n'est beau de ce qui est écrit. Ce qu'il y a de plus divin dans le cœur de l'homme n'en sort jamais. L'instrument est de chair, la note est de feu. Qu'y veux-tu faire ? Entre ce qu'on sent et ce qu'on exprime, ajoutait-il avec tristesse, il y a même distance qu'entre l'âme et les vingt-quatre lettres de l'alphabet, c'est-à-dire l'infini. Veux-tu rendre sur une flûte de roseau l'harmonie des sphères. »

Ne vous rebutez donc jamais. Un premier essai ne vous convient pas, recommencez jusqu'à ce que vous approchiez de la réalité entrevue. Bien souvent, pour ne pas dire toujours, vous serez obligé de faire cet aveu que je trouve sous la plume d'un poète contemporain :

Quand je vous livre mon poème,
Mon cœur ne le reconnaît plus :
Le meilleur demeure en moi-même,
Mes vrais vers ne seront pas lus (2).

(1) De Goncourt. — *Journal.*

(2) Sully-Prud'homme. — *Stances et poèmes.*

Il faut s'astreindre à écrire, me disait un jour un de mes amis à qui je me plaignais des difficultés que je rencontrais, même sur les sujets les moins importants, même aux heures les plus ingrates. La tâche est dure et coûte beaucoup au début. Mais celui qui s'y livre avec énergie est nécessairement récompensé de ses efforts.

La trouvaille immédiate et rapide du mot qui, de lui-même, vient se mettre à sa place, succède, pour lui, à l'exaspérante et vaine recherche du mot qui ne vient pas. La phrase rythmée souple et forte coule spontanément. Le cerveau acquiert une habitude presque mécanique de fixer, sous forme littéraire, ses conceptions, ses rêves, ses impressions, et il n'est pas rare qu'un homme de lettres trouve, en plein sommeil, quelques-unes de ses meilleures phrases.

De plus, l'entraînement au style n'est pas sans contribuer puissamment au développement de la pensée. En s'exprimant, des idées, jusque-là sommeillantes, s'éveillent ; des idées, jusque-là confuses, s'éclairent ; des idées jusque-là infécondes, développent leurs trésors cachés, appellent des analogies heureuses, suscitent de riches développements.

Pourquoi tant d'hommes qui portaient sous le front des choses qu'il eut été utile pour les autres et glorieux pour eux-mêmes de mettre au jour, n'ont-ils jamais rien produit ? — Parce qu'ils ont dédaigné le métier d'écrire et ont refusé de s'y appliquer. « Ils ont ignoré cette incontestable vérité, que, pour écrire, il faut prendre la plume, et que, tant qu'on ne la prend pas, on n'écrit pas. »

De redoutables objections se posent devant l'esprit. Pourquoi écrirais-je ? « Dieu mettra-t-il les belles pensées au rang des belles actions ? Ceux qui les ont cherchées, qui s'y plaisent et s'y attachent, auront-ils une récompense ? » Aurai-je des lecteurs ? Combien d'autres questions, inspirées par le respect humain, passent et repassent dans la tête de l'écrivain, l'obsèdent comme un véritable cauchemar ?

Ozanam, qui avait connu dans sa jeunesse ces heures de découragement, écrivait cependant, « parce que, disait-il, Dieu ne m'ayant pas donné la force de conduire une charrue, il faut néammoins que j'obéisse à la loi du travail et que je fasse ma journée. J'écris comme travaillaient ces ouvriers des premiers siècles qui tournaient des vases d'argile ou de verre pour les besoins de l'Eglise et qui, d'un dessin grossier, y figuraient le bon Pasteur, ou la Vierge avec des saints. Ces pauvres gens ne songeaient pas à l'avenir ; cependant quelques débris de leurs vases sont venus, quinze cents ans après, rendre témoignage et prouver l'antiquité d'un dogme contesté » (1).

« Il faut se garder de quitter la plume, écrivait le Père Lacordaire à un jeune homme. Sans doute c'est un rude métier que celui d'écrire ; mais la presse est devenue trop puissante pour y abandonner son poste. *Ecrivons, non pour la gloire, non pour l'immortalité, mais pour Jésus-Christ.* Crucifions-nous à notre plume. Quand personne ne nous lirait plus dans cent ans, qu'importe ! La goutte d'eau qui aborde à la mer n'en a pas moins contribué à faire le fleuve, et le fleuve ne meurt pas. *Celui qui a été de son temps*, dit Schiller, a été de tous les temps ; il a fait sa besogne, il a eu sa part dans la création des choses qui sont éternelles. Que

(1) Dessein d'une histoire de la civilisation au temps des barbares.

de livres, perdus aujourd'hui dans les bibliothèques, ont fait, il y a trois siècles, la révolution que nous voyons de nos yeux ! Nos pères nous sont inconnus à nous-mêmes, mais nous vivons par eux » (1).

Vous allez donc essayer d'écrire. Mais à qui confierez-vous vos premières productions ? A mes amis, me répondrez-vous ? C'est fort bien. Ils vous jugeront, vous critiqueront et vous approuveront.

Vous ne devez pas vous restreindre à ce petit cercle, ni surtout garder pour vous seul, tout ce que le hasard de l'inspiration vous fera écrire. Il faut avec prudence, modération, modestie, travailler pour le public. Donnez quelques petits articles aux revues et aux journaux. La plus gracieuse hospitalité vous sera offerte. A part quelques grincheux, assez rares d'ailleurs, on aime à encourager les débutants.

Si je vous exhorte à affronter de bonne heure la publicité, c'est à cause des grands avantages que vous en retirerez.

Pour braver les premiers chocs de l'opinion en lui livrant sa pensée par la presse, il faut une certaine audace qu'on ne retrouve pas dans un âge un peu plus avancé.

Qui tarde trop à écrire n'écrira jamais.

Du reste, tout art, et qui donc n'en a pas fait l'expérience, ne se perfectionne que lentement et par l'exercice. S'il suffisait de vouloir être parfait, pour l'être aussitôt, la chose serait vraiment trop facile. Il faut se résigner aux lenteurs de la nature, qui ne procède jamais par saut mais toujours graduellement, et par conséquent se résoudre à commencer par l'imperfection ; et mieux vaut ne pas trop retarder les

---

(1) Lettres à des jeunes gens, page 128.

inévitables gaucheries du début, puisqu'on ne peut s'en corriger qu'en s'y exposant. L'avis de tous ceux qui écrivent, c'est qu'on ne voit bien les défauts et les incorrections de son style, les lacunes dans sa pensée et dans son raisonnement que lorsqu'on est imprimé.

Dans la jeunesse, on a besoin de stimulant au travail. Or, l'un des plus efficaces est l'engagement que l'on a en quelque sorte contracté avec le public quand on a pris part à la lutte intellectuelle, quand on a jeté dans la mêlée quelque idée qui aura été plus ou moins critiquée ou approuvée, et que l'on sera comme obligé de défendre ou de corriger, d'éclaircir ou de développer. M. de Belcastel, désirant publier un ouvrage sur les questions politiques qui agitaient notre pays il y a une vingtaine d'années, me disait un jour : « Je viens de donner un article à une revue afin de m'obliger à composer l'ouvrage que j'ai en tête et que je diffère toujours de mettre sur le métier. Comme cela, me voilà engagé, il n'y a plus moyen de reculer. »

Enfin, il est une réflexion que je dois exprimer, quelque humiliation qu'en ressente notre amour-propre et malgré les préjugés qui ont généralement cours dans notre société égalitaire si ennemie de la gloire qui échoit aux talents supérieurs, malgré aussi les sottes conséquences qu'en pourrait tirer quelque jeune prétentieux. Généralement, l'homme a donné la mesure de sa valeur intellectuelle à trente-cinq ans. Passé cet âge, on pourrait bien encore mûrir et perfectionner son talent, l'on n'ajoutera plus à sa taille. C'est bien ce que confirme l'histoire. Les conquérants, les artistes, les savants, tous les génies, sauf de très rares exceptions, avaient à cet âge-là frappé ou fait pressentir leurs grands coups. On peut en dire autant des écrivains. C'est Daudet, je crois, qui l'a affirmé : « *A quarante ans, on est achevé d'imprimer. Des feuillets peuvent s'ajouter au volume ; ils ajoutent peu au texte même.* » Quarante ans ! C'est à peine le terme de la jeunesse (1).

N'est-ce pas imprudent, nous dira-t-on, de pousser les jeunes gens dans cette voie. Ne vaudrait-il pas mieux leur conseiller de passer de longues années dans le silence et d'attendre la pleine maturité pour prendre part aux luttes de la presse. La jeunesse, c'est l'inexpérience même, et ce qui lui convient, ce n'est pas de parler et d'écrire, mais d'écouter pour s'instruire.

Nous savons très bien que les ouvrages de la jeunesse parviennent rarement à la postérité, et nous n'avons pas oublié encore ces paroles du poète :

Tout établissement vient tard et dure peu.

Nous n'ignorons pas que la modestie est la vertu qui nous convient. Mais l'humilité, ainsi qu'on l'a dit, ne se confond pas avec je ne sais quelle défaillance de l'esprit ou de l'âme reculant devant la grandeur de la tâche. Rester au-dessous de ce que l'on peut et doit faire, ne pas user de ses ressources, refuser de tenter un effort, s'enfoncer en quelque sorte dans sa faiblesse et s'y abîmer en méconnaissant sa force et la laissant sans usage, ce n'est pas humilité, c'est pusillanimité, petitesse d'esprit et de cœur, et saint Thomas, à qui j'emprunte tous ces traits, n'hésite pas à dire que c'est très mauvais, pire peut-être que la présomption même, car se

(1) Cf. P. GUILLERMIN. O. P. Discours sur le bonheur d'être jeun

retirer en arrière quand il y a de grandes choses à faire, quelle honte et quelle faute ! L'humilité vraie consiste à avoir le sentiment et la vue de sa faiblesse propre, mais aussi du principe de la force. Aussi n'empêche-t-elle pas de *faire grand*, le mot encore est de saint Thomas. Elle est précisément ce qui met en état de faire grand : avec l'aide de Dieu, qui est fort et fortifiant, le vrai humble travaille à remplir tout son devoir et mène à bonne fin de grandes choses (1).

La vraie modestie, et celle-là convient à la jeunesse comme à tout âge, consiste à rester à sa place, à ne pas rechercher toutes les occasions de se signaler à l'attention publique. Nous nous efforcerons de l'acquérir. Si elle nous empêche de nous produire, elle ne nous défend pas de produire.

La prudence et la sagesse nous commandent de nous mettre en garde contre certains défauts, apanage des jeunes gens, dit-on : l'exagération dans les opinions, la disposition à dogmatiser sur tout, à imposer ses manières de voir, à donner ses jugements comme infaillibles, à passer tout au crible de la plus amère critique, les événements et les hommes, et parmi ces derniers, les vieux sont particulièrement privilégiés.

Nous ferons des efforts pour ne pas nous briser contre ces écueils. Mais parce qu'il s'en rencontre sur la route, faudra-t-il rester à tout jamais immobile, comme certains nous le conseillent. Non. A tout prendre, c'est mon avis et celui de tous ceux qui s'occupent de la jeunesse : « mieux vaut une activité un peu aventureuse qu'une sagesse sans initiative qui tourne souvent à l'impuissance raisonneuse ;

---

(1) St Thomas. IIe IIe q. 133 et 134, art. 1 et 2.

mieux vaut le jeune homme qui, à l'occasion, se lève et dit : Allons, et va, que le sage qui, après de longues délibérations, dit : « il faudrait aller et ne se met jamais en chemin. »

Apprenez donc à manier la plume, afin de pouvoir combattre les doctrines perverses et répandre dans l'âme du peuple, par le moyen de la presse, les saines maximes de l'Evangile ; car tous, un jour ou l'autre, vous pouvez être appelés à prendre part aux affaires publiques. Cette recommandation est particulièrement importante pour les jeunes gens qui étudient le droit ou se destinent aux carrières qui tiennent le plus aux lettres et qui par leur situation même sont souvent amenés à collaborer aux journaux et à les diriger.

Toujours, souvenez-vous de cette admirable parole d'un illustre peintre, le chantre des gloires militaires de la France, Meissonnier : « *J'ai charge d'âmes.* » Dans vos écrits n'ayez pas d'autre but que d'élever l'âme de vos semblables, en leur inculquant l'amour de la vertu et la haine du vice.

C'est là votre mission.

« Pour vous, disait Léon Gautier (1), artiste chrétien, en vérité vous avez un sacerdoce, qui n'est, sachez-le, qu'un reflet de celui de nos prêtres.

Je vous l'apprends, vous êtes des apôtres.

Votre occupation, votre devoir, votre honneur sont de convertir les âmes et de les conduire dans ces grands bras de Dieu, toujours ouverts pour recevoir les pécheurs, toujours fermés pour retenir les justes.

C'est votre mission, c'est le seul but de l'art.

---

(1) Voyage d'un catholique autour de sa chambre.

Il faut que chaque peintre, chaque orateur, chaque musicien ressemble à ces anges sculptés sur nos portails gothiques et qui, au jour du jugement, conduisent aux pieds du Sauveur toute une bande d'élus.

Aux sons de votre voix, à la vue de vos toiles, au bruit de vos concerts, il faut que les âmes se soulèvent vers Dieu disant : « *Ibo ad Patrem*, j'irai vers mon Père. » Il faut que vous présentiez à Dieu chacun une gerbe d'âmes. »

C'est votre mission ; belle sera votre récompense si vous y êtes fidèles, terrible sera votre châtiment, si la méprisant vous ne craignez pas de prostituer à toutes les infamies les talents que Dieu vous aura donnés.

« A chacune des âmes que vos œuvres sauveront, non seulement durant votre vie, mais après votre mort, artistes chrétiens, votre béatitude augmentera dans le ciel. — Telle est la sanction de l'art.

Réjouissez-vous donc, réjouissez-vous donc, car votre récompense est grande ! Et quand, soudain, vous éprouverez là-haut quelque accroissement de bonheur, quand Dieu vous laissera lire de plus près dans son essence : « Ah ! je sens, direz-vous, qu'une de mes œuvres vient de sauver une âme sur la terre. » Et vous direz vrai.

Mais, malheur à vous, écrivains et artistes, qui n'avez voulu vous inspirer ici-bas que de l'enfer !

L'enfer restera votre seule inspiration durant l'éternité.

A chacune des âmes qui sera perdue ici-bas par vos détestables ouvrages, par la vue de vos toiles impures ou de vos marbres lubriques, par l'audition de vos lascives harmonies, par la lecture de vos livres ignobles ; à chacune de ces chutes, si vous n'avez fait pénitence sur la terre, votre supplice recevra une aggravation formidable jusqu'au jour du suprême Jugement. Et alors seulement vous aurez la totalité terrible de vos tortures. Encore une fois, voilà la sanction de l'art.

Ah ! si saint Augustin, si Fra Angelico, si Palestrina pouvaient descendre du ciel ; s'ils pouvaient nous exprimer ici l'inexprimable récompense de ceux qui consacrent à Dieu et à son Eglise leurs plumes, leurs pinceaux, leurs concerts ; si chacun d'eux nous disait de sa douce voix : « Non, vous ne sauriez imaginer, à chaque âme que je sauve, le surcroît de béatitude qui me pénètre et m'enivre. »

Et si Voltaire pouvait sortir un instant de son supplice et nous crier : « A chaque âme que je perds vous ne sauriez imaginer le surcroît de douleur qui me pénètre et qui me brûle. »

Si nous pouvions entendre ces voix aujourd'hui, demain l'art serait transformé, l'art serait chrétien, l'art serait l'expression du Beau au service du Vrai. »

Cette voix d'en Haut vous l'entendrez et vous lui serez fidèles toujours et malgré tout.

Puissiez-vous mériter cet éloge adressé à M. de Champagny lors de sa réception à l'Académie française : « *Vous êtes chrétien, Monsieur, partout, toujours, avant tout. C'est votre honneur, votre mérite et le trait caractéristique qui frappe quand on lit ce qui est sorti de votre plume.* »

XI

L'Art de parler

« La parole, a dit le Père Lacordaire, est la première puissance du monde ; elle est la cause de toutes les révolutions, heureuses ou malheureuses dont l'enchaînement compose l'histoire. » Au service d'un homme de cœur, d'un ardent patriote, elle est un puissant instrument de régénération sociale ; c'est comme un levier à l'aide duquel il soulève les masses,un aiguillon avec lequel il les excite et les fait marcher. L'histoire est remplie des triomphes de la parole humaine au service de la vérité et de la justice. Il suffit de rappeler les victoires remportées au siècle dernier, par Mallinckrodt et Windthorst, au Reichstag allemand, par O'Connel, aux communes anglaises, par Berryer, Royer-Collard, Montalembert et tant d'autres aux Chambres françaises. Sur les lèvres d'un homme pervers, la parole devient la première puissance du mal, le plus grand fléau pour notre humanité. Elle est la grande cause des agitations qui ont bouleversé le monde. Quand cette parole qui emporte avec elle des germes de dévastation se répand sur un pays et y est accueillie par des applaudissements, ce peuple est livré au mauvais génie de la Révolution.

« Les hommes de littérature ou d'éloquence, alors surtout qu'ils ont reçu le don du génie, sont comme des coursiers robustes et ardents attelés au char social ; ils l'entraînent vers les hauteurs ou le précipitent aux abîmes, selon qu'ils tirent par en haut ou qu'ils tirent par en bas. Quand on voit paraître dans un peuple une légion de talents guidés par le génie, faisant de la littérature et de la parole un noble et légitime usage, on peut prophétiser un progrès social et saluer l'œuvre d'un grand siècle ; mais quand, dans une société, même la plus fortement organisée, vous voyez marcher toute une armée de lettrés acharnés à tout nier, à tout mépriser et à tout détruire, faisant profession publique et métier lucratif d'outrager toutes les vérités, même les plus sacrées, d'insulter toutes les institutions, même les plus vénérables ; alors vous pouvez prophétiser une inévitable décadence, et comme le Christ fit pour Jérusalem, pleurer d'avance sur les ruines et les dévastations préparées par tant de démolisseurs. Lointain ou proche, le cataclysme est inévitable ; déjà, derrière les nuages qui montent à tous les horizons, on entend gronder, d'un bruit sourd mais formidable, la foudre qui va frapper les grands coups, et peut-être ouvrir les grands abîmes où les peuples sont menacés de périr, avec tant de choses sublimes et saintes entraînées dans un même écroulement... Les peuples s'élèvent et tombent, vivent et meurent, selon les idées qui triomphent en eux ; et ce qui fait triompher les idées, ce sont les batailles gagnées ou perdues par la parole. L'opinion est la reine du monde ; oui, mais c'est la parole qui gouverne l'opinion.

Et ainsi, la parole demeure, à la lettre, la vraie royauté de ce monde ; elle est la reine de l'humanité » (1).

La parole étant donc le moyen quasi officiel de l'apostolat, et pour le bien et pour le mal, notre devoir est tout tracé. « Le talent de la parole pouvant être mis en usage également d'un côté comme de l'autre, et servir beaucoup pour persuader des choses justes ou injustes, pourquoi les gens de bien ne s'appliqueraient-ils pas à l'acquérir pour défendre la vérité, puisque les méchants osent bien l'usurper et le faire valoir pour les intérêts de l'erreur et de l'injustice » (2).

De même que nous avons conclu, étant données les conditions de notre vie intellectuelle moderne, à la nécessité d'apprendre à écrire pour répandre nos idées par le livre et le journal, de même aussi nous devons admettre l'impérieuse nécessité d'apprendre à parler.

Tout d'abord, **est-ce que l'art de parler peut s'acquérir ?** Ce don de la parole n'est-il pas l'apanage de quelques natures privilégiées, douées d'une sensibilité vive, d'une intelligence pénétrante, d'une imagination prompte et chez qui se trouve un besoin naturel de communiquer aux autres leurs idées et leurs sentiments, tandis que la plupart des hommes, affligés d'une nature lente, timide, peu expansive sont réfractaires à la culture la plus persévérante, la plus intense, et ne pourront jamais devenir éloquents ?

Sans doute, on rencontre chez certains individus des dispositions naturelles pour la parole publique. Nous sommes étonnés parfois de constater avec quelle éloquence chaleu-

(1) R. P. Félix, S. J. — *La parole et le livre.*

(2) St Augustin. — *De doctrina christiana* II.

reuse, des hommes sans culture soutiennent une querelle ou plaident un intérêt.

Arguer de là que le don de la parole est absolument naturel et qu'il n'y a rien à faire pour le développer, c'est une aberration. On a pu rencontrer, dans la suite des siècles, des hommes qui semblaient posséder par intuition tout cet art ; mais ce sont de rares exceptions. Règle générale, le mot de Quintilien : « *On naît poète, on devient orateur* » reste toujours vrai dans une certaine mesure.

Celui qui veut exercer une influence par la parole, doit donc travailler au développement et au perfectionnement de ses dispositions naturelles.

En quoi consiste ce travail de formation oratoire ? — Le but de l'apostolat par la parole est d'éclairer et de persuader. « Instruire est nécessaire, disait déjà Cicéron, faire plaisir est doux, émouvoir et fléchir les volontés, c'est le triomphe de l'éloquence. » Il faut persuader, c'est-à-dire entrer autant qu'on le peut dans une âme, mettre sa volonté dans la sienne, si bien qu'elle veut ce que nous voulons, sans que pourtant sa liberté soit blessée. Un tribun lance sa parole passionnée sur une multitude indifférente ; après quelques instants la voilà pénétrée, elle frémit, se livre et se tient prête aux exploits ou aux crimes pour lesquels on réclame le concours de ses bras robustes. Qui dira les prodiges de persuasion opérés par la parole humaine ? Et remarquez bien en quoi ils consistent. La persuasion ne se contente pas de faire dire à une âme : *c'est vrai*, ce qui est déjà un beau résultat, elle lui fait dire : *Je veux* (1).

(1) R. P. MONSABRÉ. O. P. — *Discours.*

Pour prendre d'assaut une volonté humaine, il faut auparavant s'être rendu maître de l'intelligence. Or, comment parviendrons-nous à avoir une action sur l'intelligence ?

Notre esprit est fait pour connaître la vérité. C'est sa nourriture, sa vie. Il n'est pleinement satisfait que lorsqu'il l'a trouvée et qu'il se repose dans sa contemplation. Quelle que soit la dépravation où sont tombés certains esprits, ils aiment quand même et malgré tout ce qui est vrai. Notre premier effort consistera à présenter la vérité dans toute sa lumière, dans toute sa simplicité, j'allais dire dans toute sa crudité

Habituons-nous à vouloir sur toutes choses des notions précises. Ne nous contentons pas d'à peu près. Si nous nous complaisons dans un certain demi-jour vague et nébuleux, nous serons obscurs. Et alors, comment voulez-vous être compris d'un auditoire si vous ne savez pas vous-même ce que vous avez à dire ? Votre intelligence sera capable de se traduire, de s'expliquer au dehors si elle est claire au dedans.

Un discours qui n'est qu'une chevauchée, même très brillante, à la surface des choses, peut amuser, distraire, égarer les auditeurs, endormir leurs esprits comme fait l'opium des Chinois dans des rêves pleins de nonchaloir et de fantômes, mais ne les instruit pas. N'est-ce pas là une des notes caractéristiques des orateurs de notre temps. « Qui donc règne parmi nous ? disait un jour un des grands apôtres du XIXe siècle, — qui a le sceptre et qui fait mouvoir les esprits ? Il faut bien le reconnaître, à notre honte, c'est la parole : non la parole qui se confond avec la pensée et la vérité, mais la parole vide et sonore, la parole tapageuse qui, au lieu de servir l'idée et d'en préparer le triomphe, s'en est violemment affranchie et est devenue le plus sérieux obstacle à la propagation de la vérité et à l'accroissement de son règne, la parole enfin qui flatte les passions, frappe les oreilles, effleure l'épiderme, mais ne va pas jusqu'à l'âme. »

Cette idée que nous aurons disséquée, dont nous serons parfaitement maître, nous l'exposerons simplement, en ayant soin d'éviter ce travers, fort commun chez les débutants, — et on est débutant un peu à tout âge. — de montrer tout son savoir dans un seul discours. Certains se croient obligés de remonter toujours à la création, d'autres s'imaginent n'avoir rien prouvé tant qu'ils n'ont pas fait intervenir l'individu, la famille, la société, et cela avec un tel encombrement de détails, que l'auditeur, et peut-être, l'orateur lui-même, oublient le point principal de la démonstration. Et alors, loin de porter la lumière dans les intelligences, nous y rendons plus épaisses les ténèbres. « Etant donnée la nature de l'esprit, la nécessité que Dieu lui a faite de cheminer lentement parmi les idées pour les assembler et les comparer à coup sûr, il va de soi que le *discours n'est pas une promenade de fantaisie, mais une marche vers un but.* Il y faut un ordre sensible, une visible unité. L'intelligence le réclame et aussi la mémoire de l'auditeur où nous avons assurément la prétention de laisser quelque chose. » (1) Traçons-nous toujours un plan très simple, dont toutes les parties soient nettement déterminées, les idées méthodiquement classées et logiquement déduites, où tout aboutit à une conclusion précise. Fixons souvent l'attention de notre auditoire sur l'idée principale, dont notre discours, suivant le conseil de Fénelon, ne sera que le développement.

(1) P. G. LONGHAYE. S. J.

Donc clarté dans les idées, clarté dans l'expression. L'une découle de l'autre.

Ce que l'on conçoit bien s'énonce clairement,
Et les mots pour le dire arrivent aisément.

N'oublions jamais que nous parlons l'idiome de « *la nation au clair esprit et au clair langage.* » « La forme dont nous disposons, c'est la langue française, langue souverainement chrétienne et qui tient de la religion par ces trois grands caractères de majesté, de précision, de clarté. C'est par là qu'elle est devenue la langue de la civilisation. Elle tient sa force du principe organisateur des temps modernes. La langue fut faite par le christianisme, comme fut fait l'Etat... Pascal vint la fixer ; Bourdaloue la marqua au sceau de sa logique sévère ; Bossuet la rendit tout à fait maîtresse. La poésie même reçut le souffle chrétien, et la tragédie parut dans sa gloire quand elle finit par des mystères, *Polyeucte, Esther, Athalie...* Cette langue est un dépôt qu'il ne faut pas laisser altérer ; nous en répondrons » (1). Conservons-lui la lumineuse logique que lui ont donnée les théologiens et les philosophes du Moyen âge, les fières allures et les grands airs du XVIIe siècle.

Cette langue, dont nous sommes si justement fiers, court à l'heure présente, du fait de certains novateurs, de réels dangers. « La langue française, disait tout récemment un éminent auteur (2), je veux dire la classique, la seule fran-

---

(1) OZANAM. — Œuvres, vol. VII. — *Des devoirs littéraires des chrétiens.*

(1) Paul ACKER. — *Maladies littéraires d'aujourd'hui.* — Le Correspondant, 10 avril 1905.

çaise, pure, claire, précise, n'a peut-être jamais été maltraitée comme aujourd'hui. Sans doute, connaissons-nous des époques où le sens des mots fut traité plus brutalement, la grammaire aussi méprisée, et la syntaxe aussi bouleversée. Mais c'étaient là caprices de symbolistes, fantaisies de décadents, révoltes juvéniles de vers-libristes dont on riait. Maintenant on ne rit plus ; on prend au sérieux toutes les extravagances, elles deviennent presque des règles, et en tout cas des modèles. Nos aînés, ceux même qui devraient s'y opposer, consacrent cette mode par leur approbation et par leur exemple ; des académies se fondent pour couronner les jeunes écrivains les plus étrangement audacieux : cette déformation de la langue tend enfin à revêtir un caractère officiel. On ne peut désormais viser à l'originalité qu'à la condition de mal écrire. Quand Pantagruel rencontra l'écolier limousin, il ne comprit rien à ce qu'il entendait. Naïvement il s'étonnait de ce langage *diabolique*. Un de ses gens lui répondit : « Ce galant se croit quelque grand orateur en français parce qu'il dédaigne l'usance commun de parler. » Pantagruel battit le limousin, qui en mourut quelques années plus tard. Mais le Limousin s'est bien vengé ; il a légué sa dangereuse manie à d'innombrables héritiers. Ses petits-neveux ne sont pas près de disparaître : jamais on n'a plus dédaigné l'usance commun de parler. »

Prenons garde aux néologismes. Servons-nous des mots qui existent, notre langue est assez riche. Laissons à des écrivains comme Huysmans le soin de fabriquer des mots bizarres qui sont une énigme pour le peuple, et que les lettrés eux-mêmes n'arrivent à comprendre qu'en recourant au grec et au latin, ou même à leurs vieux souvenirs d'étudiants. A quoi bon entasser dans un livre ou une conversation des mots de patois exhumés des glossaires, des mots techniques empruntés aux dictionnaires des métiers ? Quelques esprits superficiels pourront se laisser prendre à ce cliquetis de mots et trouver cela fort beau, d'autant plus admirable qu'ils n'en saisissent pas le sens ; mais ceux, chez qui le sérieux n'a pas encore fait faillite, appelleront cette manie, de la prétention et de la sottise. « La passion du néologisme ou du mot rare cache une affligeante impuissance. C'est ne pas connaître sa langue que de recourir à des termes désuets ou nouveaux, et c'est encore ne pas la connaître que d'ignorer que tout néologisme vient du peuple et qu'on ne forge pas les mots artificiellement par simple décret de l'imagination. Mais c'est la connaître que de saisir qu'elle peut tout exprimer et qu'elle a, en effet, tout exprimé, telle qu'elle est, avec une extrême précision, à l'aide d'un vocabulaire en somme assez restreint, puisqu'il est le vocabulaire compris par tout le monde M. Henri Houssaye se plaît à raconter qu'à dix-sept ans il poursuivait le mot rare, et que, s'il en trouvait un, il le piquait avec orgueil dans sa phrase, comme un collectionneur un beau papillon dans une boîte vitrée. Depuis bien longtemps il ne poursuit que le mot juste. Si même il lui vient un mot rare sous la plume, il le remplace par un autre. Il croit avec raison qu'un écrivain doit ambitionner d'être lu par tous, par les érudits, par les lettrés, comme par la foule des braves gens qui n'ont reçu que l'enseignement primaire. Le mot juste, en effet, voilà ce qu'il faut sans lassitude rechercher et voilà ce qui caractérise les grands écrivains : « Croyez-vous, s'écriait un jour plaisamment M. Paul Adam, dire quelque chose de merveilleux, quand vous dites : « Dieu est bon » ? Eh ! non, mais je suis sûr, si je veux dire qu'un Dieu est bon, qu'il n'y a pas de mots plus justes pour le dire » (1).

Ce qui est vrai pour l'écrivain l'est davantage encore pour l'orateur. Dans une lecture, un mot vous frappe-t-il par sa nouveauté ou sa bizarrerie ? aussitôt, vous avez recours au dictionnaire et vous continuez la phrase commencée, sans autre inconvénient qu'un léger arrêt. Dans un discours il n'en va de même. Une expresssion étrange suffit souvent à distraire et par suite à faire perdre tout un raisonnement.

Evitons aussi l'emploi de tous les mots exotiques, au moins de ceux qui ne sont pas consacrés par un usage presque universel. Sans doute, pour les rapports de la vie et pour les relations commerciales, il est très précieux de connaître la langue de nos voisins ; mais de grâce, quand nous parlons anglais ou allemand, parlons anglais ou allemand, et quand nous parlons français, parlons français. Beaucoup croient qu'il est de bon ton d'émailler la conversation de mots anglais ; c'est là une étrange erreur, contre laquelle, si nous voulons garder la pureté de notre langage, il faut absolument réagir. Ne prenons pas l'habitude de naturaliser les termes, les phrases mêmes de nos voisins et d'introduire chez nous leur vocabulaire des jeux, des courses ou de l'industrie.

Notre langue, direz-vous, manque de certaines expressions, et puis l'usage les ayant introduites dans la conversation courante, ne faut-il pas les employer ? C'est vrai, et quoi qu'en disent quelques écrivains, un peu trop momifiés dans les

---

(1) Paul ACKER. *loc. citat.*

siècles passés, nous avons des progrès à faire. Nous ne sommes pas voués à l'immobilité. Il y a une évolution quasi nécessaire dans les langues vivantes. Laissons cette évolution s'accomplir lentement, selon notre génie propre. Elle s'effectuera avec le temps. Fénelon lui-même la désirait déjà. Il y a dans sa *lettre à l'Académie française,* de curieuses affirmations à ce sujet. « Je voudrais autoriser, disait-il en terminant, tout terme qui nous manque et qui a un son doux, sans danger d'équivoque. » Gardons une juste mesure et soyons prudents. Molière, à ce propos, nous donne un fort sage conseil :

Toujours au plus grand nombre, il faut s'accommoder,
Et jamais il ne faut se faire regarder.
L'un ou l'autre excès choque, et tout homme bien sage
Doit faire des habits ainsi que du langage,
N'y rien trop affecter, et, sans empressement,
Suivre ce que l'usage y fait de changement.

Comment parviendrons-nous à cette clarté de l'idée et de l'expression ? Nous acquerrons cette qualité primordiale du parler français, *en étudiant les maîtres dans l'art de bien dire.* Est-il une langue aussi riche que la nôtre ? Quelle mine inépuisable que cet incomparable siècle de Louis XIV ! De nos jours encore, les modèles ne manquent pas. Le siècle dernier nous en a donné dans tous les genres. L'éloquence de la chaire, celle de la tribune et du barreau semblent avoir atteint leur apogée. Mais, quels que soient les auteurs que nous choisissions comme modèles, n'oublions pas ce mot du poète : (1)

Quand sur une personne on prétend se régler,
C'est par ses beaux côtés qu'il lui faut ressembler.

(1) Molière. — *Les femmes savantes.*

Il faut, en second lieu, *écrire beaucoup*. Non seulement l'écriture nous fait voir le fond de notre pensée et éclaire l'esprit : « C'est une filière, un laminoir qui étend merveilleusement les idées et exploite toute leur ductilité »; mais elle donne à la parole plus de netteté, de fixité et de vigueur. L'écrivain cherche et trouve les expressions justes qui donnent à la pensée sa complète manifestation.

L'habitude d'écrire sur toute espèce de sujets, lors même que vous n'êtes pas obligé de parler, fera que la parole correcte, châtiée, élégante, oratoire, vous deviendra comme naturelle, et que le moment venu de vous exprimer en public vous parlerez parfaitement selon l'art, sans préoccupation et sans effort (1).

Un autre moyen bien simple, à la portée de tous et que nous pouvons utiliser presque à chaque instant, *c'est l'attention dans nos conversations*. Un peu de bonne volonté suffirait à nous corriger de certaines fautes, à nous débarrasser de locutions vulgaires, qui sentent le terroir, à acquérir la propriété des termes, à trouver le mot juste. Dans nos entretiens familiers, parlons correctement, évitant tout ce qui peut être une insulte à la grammaire ou au bon goût. N'employons jamais d'expressions vulgaires qui rappellent le jargon des rues ou l'argot de l'atelier. Que ces sortes de termes n'aient pas droit de cité parmi nous. Insensiblement alors nous parviendrons à parler avec aisance et distinction.

---

(1) P. MONSABRÉ. — *La Prédication.*

XII

L'Art de parler (suite)

D'ordinaire on parle, non pas seulement pour chatouiller agréablement l'oreille de son auditoire, mais pour dire quelque chose, pour exprimer une idée, pour la rendre en quelque sorte tangible. C'est pourquoi le travail primordial de l'art de parler consiste à s'exprimer clairement, afin d'être compris.

Faire voir, est-ce là tout le but de la parole ? Ce qu'il importe c'est de *faire vouloir.* Nous devons convaincre mais surtout nous devons déterminer à agir. La volonté est la position que notre parole doit emporter d'assaut. Pour se rendre maître de cette puissance de l'homme, il faut exercer une action victorieuse sur sa sensibilité et sur son imagination ; il faut conquérir son cœur.

Comment atteindrons-nous ce but ? Sera-ce par l'exposition pure et simple de nos idées ? Pour des auditeurs intelligents qui s'intéressent surtout au fond du discours et à l'importance des questions traitées, évidemment oui. Mais combien ces esprits d'élite sont rares. La grande masse comprendra peu de choses à vos froids syllogismes. Le peuple, sans dédaigner l'idée, est particulièrement sensible à l'action oratoire.

« Sans l'action, disait Cicéron, on ne peut jamais devenir un grand orateur ; avec elle, un orateur médiocre peut surpasser les plus habiles. — Vous savez, ajoutait-il, qu'on demandait à Démosthène quelle était la principale qualité de l'orateur ; il répondait : *L'action.* — Et la seconde ? *L'action.* — Et la troisième ? *L'action.* »

On est souvent étonné de constater le peu d'influence qu'exercent sur l'âme populaire certains hommes, intelligents d'ailleurs, et que leur science désigne pour être à la tête des affaires. Ils n'ont pas le talent de se faire écouter, ni de se rendre sympathiques. La foule les accueille froidement et ne les entend que d'une façon distraite. D'autres, beaucoup moins bien doués sous le rapport intellectuel, s'emparent plus aisément de l'auditoire et parviennent sans peine au but de l'éloquence, la conviction pratique. Pourquoi cette différence ? L'un a dédaigné l'action oratoire, l'autre a su s'en servir comme d'un moyen et il a triomphé des volontés.

Si nous voulons exercer par notre parole une action véritablement efficace, ne nous contentons pas d'une contemplation abstraite, ni de l'étude silencieuse et solitaire qui nous mettra en possession de la vérité, mais apprenons à l'exprimer au dehors par tous les moyens propres à la faire entrer dans les âmes ; en un mot, *exerçons-nous à l'action oratoire.*

Qu'est-ce que l'action oratoire ? — Sans nous arrêter à toutes les définitions que les maîtres ont pu nous donner et qu'on enseigne encore aujourd'hui, simplement, nous inspirant de cette parole du Père Lacordaire : « *L'éloquence n'est pas autre chose que la parole qui vit,* » nous dirons : l'action oratoire, *c'est la vie du discours.* La vie dans la parole de l'orateur, la vie dans son geste, la vie dans toute sa personne.

La vie de la parole, c'est la prononciation. Pour acquérir une prononciation parfaite, il est nécessaire de faire attention à deux choses d'une importance souveraine : l'articulation et l'accentuation. Sans elles, nous fatiguons nos auditeurs et même nous les endormons. Avec elles, notre discours est clair, énergique, agréable. Evidemment, en cela comme en tout, il faut éviter les excès et ne pas se rendre ridicule par une prétentieuse exagération. « Pour les hommes sérieux, il n'y a qu'une manière d'articuler, c'est de prononcer assez pour être entendu, pas assez pour être remarqué » (1)

Avec un peu de bonne volonté et beaucoup d'attention, nous parviendrons à nous débarrasser de tous les vices de prononciation, des accents de terroir qui nous font partout reconnaître. Un jour, voyageant aux Etats-Unis, j'eus le bonheur de rencontrer un compatriote. Après les salutations d'usage, la conversation s'engagea tout naturellement sur les choses du pays. Vous ne sauriez croire quelle fut la stupéfaction de mon interlocuteur quand je lui posai cette question « *N'êtes-vous pas franc-comtois ?* » Je l'avais reconnu à l'accent particulier aux habitants de cette province. Alors sans nous soucier beaucoup des coutumes américaines, — on ne s'embrasse pas en public là-bas, — nous nous donnâmes l'accolade fraternelle au milieu de la rue, en répétant la

(1) LEGOUVÉ. — *L'art de la lecture.* Chap. VI.

fière devise de la vieille Comté : « *Comtois, rends-toi, nenni ma foi* ! » Mais, de grâce, pour nous guérir de nos défauts, n'adoptons pas ceux des autres. N'imitons pas la naïveté de ce provincial qui pour se donner grand air s'exerça à grasseyer.

Habituons-nous par de fréquents exercices et surtout par des lectures publiques à prononcer distinctement, avec aisance et élégance. Nous recueillerons de ce travail des fruits précieux. Notre voix, par cette sorte de gymnastique qui fortifie les organes, se développera, deviendra plus ample et plus souple. Des acteurs, comme Talma, Duprez, ne sont parvenus à posséder de puissants organes qu'au prix de très grands efforts. En même temps, nous nous exercerons à cette importante partie de l'art oratoire, *la diction*, par laquelle on rend un public attentif et on le charme en mettant parfaitement en relief tout ce que l'on doit dire.

La vie dans la parole suffirait si nous avions à parler à des aveugles ; mais d'ordinaire nous nous adressons à des gens qui suivent le développement de notre pensée autant avec les yeux qu'avec les oreilles. *Il faut donc que la vie apparaisse dans toute la personne de l'orateur.* Elle doit briller, éclater, dans sa tête, dans sa bouche, dans ses yeux, dans ses gestes. On doit lire les sentiments de son âme dans son être tout entier. « Le vivant qui fait parler toute sa personne dans un discours, se montre sous mille aspects divers, qui sollicitent l'attention et tiennent l'âme à chaque instant suspendue dans l'attente d'un nouveau spectacle ; c'est bien moins par la justesse, l'élévation, la force de la pensée que par les charmes et la puissance de l'action que celui qui parle s'empare de ceux qui l'écoutent » (1).

(1) P. MONSABRÉ. — *Loc. cit.*

« *L'action*, a dit le grand orateur romain, *c'est le langage et l'éloquence du corps au service d'une âme convaincue et passionnée.* » Voilà l'unique secret de l'éloquence humaine : de la conviction et de la passion qui jaillissent d'une âme. Sans cela, vous pourrez être de beaux parleurs, d'habiles comédiens, mais des orateurs jamais. Votre auditoire ne sera saisi et impressionné par votre action que lorsqu'il la verra sourdre naturellement des profondeurs de votre être. Pour cela, il faut avoir vécu son sujet, se l'être identifié, ne faire qu'un avec lui. Emus vous-mêmes, vous pourrez alors émouvoir ceux qui assistent à cette révélation de votre âme.

N'est-ce pas cela que l'on trouve dans les véritables tempéraments d'orateurs. Prenez Lacordaire, par exemple, le plus grand des orateurs de la chaire française après Bossuet, étudiez-le, non pas superficiellement comme on le fait trop souvent, hélas ! mais en pénétrant jusqu'au fond de cette admirable nature, jusqu'à son âme, et vous comprendrez le pourquoi de son influence sur les masses. « Sensible jusqu'à l'extrême, à l'élément divin de l'idée, — l'élément qui excite l'esprit et le féconde, — il en percevait la chaleur et la lumière comme on perçoit la chaleur et la lumière de l'éclair, aux soirs orageux d'été, — instantanément : et sous le choc de cette impression pénétrante, son verbe subitement délié rompait ses digues et se précipitait, imprévu, fort, coloré, en torrent. Le Dieu que Mirabeau reprochait à Barnave de ne pas connaître habitait assurément en lui. » Aussi, « son action, à interroger ceux qui l'entendirent, fut émouvante. Il eut le geste rare, la voix, souple et vibrante plutôt que forte, passait facilement des notes graves aux plus élevées. Son visage, transfiguré par la flamme intérieure, resplendissait

Il fut de ceux qui possèdent la puissance mystérieuse, magnétique peut-être, de s'attacher, dès qu'ils paraissent, tout auditoire, auditoire de théâtre, auditoire de parlement, auditoire de place publique, auditoire d'église.

On a vu, ici (Notre-Dame de Paris), des milliers d'hommes soulevés à demi, pour boire le verbe capiteux qu'il leur servait, et haletant, et ne respirant plus de peur d'en perdre une goutte. On a vu ces augustes murailles frémir du fracas des applaudissements qui l'acclamaient. Chateaubriant, Lamartine, Berryer lui ont offert les palmes d'une admiration ardente. Les sots et les jaloux ne lui ont pas ménagé leurs morsures. Rien ne lui a manqué parmi les témoignages que l'homme rend à l'homme » (1).

Dans l'art oratoire, comme dans tout art, *il faut donc être soi-même avant tout.* « Il est nécessaire de garder toute sa personnalité pour rendre sa parole vivante, ce qui est la première et principale condition du succès. Rien n'est moins enlevant que la parole où se reconnait en chaque mot, chaque phrase, chaque tournure, chaque modulation, chaque finale, le labeur d'une imitation plus ou moins heureuse de modèles fort discutables » (2).

Soyons nous-mêmes dans l'action. Ne passons pas le meilleur de notre temps à copier les manières d'orateurs en renom. Il faut que tout soit conforme au talent et au caractère de celui qui parle. On a composé de volumineux traités

(1) Mgr. TOUCHET, évêque d'Orléans. — Eloge du P. Lacordaire prononcé à N.-D. de Paris le 12 mai 1902.

(2) P. OLLIVIER. O. P. — Préface de ses conférences sur l'Église et l'Étude.

d'éloquence, des livres sur la manière de faire les gestes. Faut-il les négliger ? Evidemment non. Usons-en uniquement pour corriger nos défauts. Si nous avons dans l'âme une conviction ardente, nous saurons bien la faire passer au dehors, d'une manière qui n'aura peut-être rien d'artistique mais qui, quand même, engendrera la conviction chez nos auditeurs, ce à quoi n'atteindront peut-être jamais les esclaves des règles qui ne font des gestes en parlant qu'autant qu'ils les ont prévus et les ont étudiés dans les livres.

Comment arriver à ce résultat ? — *Essayez d'éloigner tout ce qui peut entraver votre action.* Et d'abord cette peur instinctive qu'en général tous les hommes éprouvent lorsqu'ils doivent affronter un public, cette peur qui glace et paralyse les jeunes orateurs. Acquérez l'aisance dans la tenue. Rendez-vous maîtres de vos idées, de vos images, de votre plan, afin que rien ne puisse vous troubler, ni rompre le fil de votre discours. Habituez-vous à parler devant de petits groupes d'amis qui vous discuteront, vous critiqueront et vous diront sans déguisement vos qualités et surtout vos défauts.

Faut-il confier entièrement vos discours à votre mémoire ? — Pour certains, c'est une nécessité. Sans ce travail et souvent ce martyre, ils n'oseraient jamais prendre la parole. Dans des circonstances graves et délicates, ce peut être un devoir pour tous. En semblable occurrence, prenez garde aux accidents qui pourraient vous trahir et amener votre déroute. C'était pendant les vacances d'une de mes années d'étude. Il y avait, parmi les vicaires de ma paroisse, un prêtre plein de zèle et d'activité. Il aimait passionnément la jeunesse et brûlait du désir de la voir se dévouer aux grandes causes qui sollicitent, à l'heure présente, le dévouement des jeunes de France. Dans ses entretiens, dans ses sermons les plus pieux, il y avait toujours la note combative. Un jour, il vint me faire une visite et, croyant me faire plaisir, il m'entretint du sujet de l'allocution qu'il devait donner à la grand'messe le dimanche suivant. C'était une charge virulente contre la franc-maçonnerie et contre la lâcheté des catholiques, qui se laissent tondre sans se plaindre par les fils de la Veuve. Afin d'enlever le morceau, suivant sa propre expression, il avait appris son sermon mot à mot. Il monte en chaire, d'un pas allègre, comme un soldat à l'assaut. Son exorde éclate comme une sonnerie de fanfare. L'auditoire, peu accoutumé à de tels accents, écoute stupéfait. Tout à coup, au milieu de la période la plus pathétique, notre petit vicaire s'arrête, se trouble, pâlit et finalement descend de chaire sans même avoir la pensée de dire qu'il était souffrant. Quelques instants après, lorsque — peut-être par punition de son curé — il parcourait confus les rangs des fidèles pour faire la quête, on voyait s'esquisser sur les lèvres des dévotes personnes de fins et malicieux sourires.

Ce qui arrive en chaire, peut se produire, et à plus forte raison, dans les réunions publiques, où d'ordinaire la contradiction est permise et où ne règne pas le calme de nos églises. Quel désastreux effet, quand un orateur demeure court ! C'est le signal d'un bruyant triomphe pour les adversaires.

Si nous voulons éviter ces fâcheux accidents, suivons le sage conseil d'un vieil auteur, Noël Alexandre : « Il faut que le discours soit appris de telle sorte qu'on ne s'aperçoive pas du travail de la mémoire ; que l'orateur ne s'attache pas aux mots, au point de ne pas pouvoir remplacer ceux qui lui échappent par des expressions convenablement appropriées aux choses qu'il a pensées, travaillées, ornées. »

Faut-il vous livrer au travail de l'improvisation ? — L'improvisation a des inconvénients ; personne ne le conteste. Elle expose à des redites, à des longueurs, à beaucoup de vague dans les idées, à de fréquents et lamentables outrages à la grammaire. Elle a aussi d'inappréciables avantages. Les voici d'après un maître de la parole : « Elle débarrasse l'orateur des préoccupations de mémoire qui accompagnent la plupart du temps la récitation du discours écrit, et contiennent malencontreusement la passion oratoire ; elle laisse à la spontanéité son libre jeu et lui permet de s'épanouir selon l'impression reçue des circonstances et de l'attitude de l'auditoire ; elle ouvre la porte aux mouvements impromptus et aux saillies heureuses qui amènent la chaleur du discours ; enfin elle fait la parole. »

Mais improviser ce n'est pas parler au hasard sur toute espèce de sujet ; cela, ce n'est que de la faconde, du bavardage et le moyen le plus sûr de parler pour ne rien dire ou, ce qui est plus vrai, pour dire des sottises. Si vous voulez le secret des improvisateurs, demandez-le à un des hommes les plus éloquents du siècle dernier, la gloire du barreau français, Berryer : « Savez-vous le secret des improvisateurs ? disait-il, c'est qu'ils n'improvisent pas du tout. Bien pénétrés d'une pensée, d'un sentiment longuement médité dans leur cervelle, ils se sont dit vingt fois cent fois la même chose, et l'occasion venue où ils l'expliquent à haute et intelligible voix, ils n'ont de mérite dans la vivacité de l'expression que par la maturité de la réflexion. Voilà le secret des gens qui parlent en public. Pour moi, qui suis du métier, je ne saurais dire ce que je n'aurais jamais pensé. »

Quelle que soit la méthode que vous adoptiez, suivant en cela votre tempérament, souvenez-vous toujours de cette parole d'un avocat célèbre. Jules Favre : « Nul discours ne saurait se passer de préparation ou d'étude, et c'est une suprême irrévérence, vis à vis des auditeurs, en même temps qu'une dangereuse témérité que de se fier au hasard de l'improvisation. Les grands maîtres ont religieusement évité cette faute. »

Pourquoi tous ces conseils ? nous dira-t-on. Vous voulez faire de nos jeunes gens des rhéteurs, de beaux diseurs, plus préoccupés de paraître que de faire du bien. Laissez donc toute cette rhétorique.

Cette objection est vieille. Je livre aux méditations de ceux qui la formulent la réponse de Bossuet et d'Ozanam : « Il faut donner après avoir reçu, il faut produire par l'art, après avoir possédé par la science. Car le vrai ne se sépare pas du beau. Nous avons poursuivi la vérité dans le fond par l'étude, nous devons chercher la beauté dans la forme par la production ; sachons que la forme qui va saisir les âmes par les attraits intérieurs et les sollicitations puissantes de l'admiration, sachons que la forme n'est pas indigne de l'œuvre divine. De la science, l'art doit sortir avec toutes ses splendeurs... Ainsi l'ont compris les grands hommes du christianisme ; et celui qui vantait si hautement *l'élocution rude* de l'Apôtre, celui qui prodiguait à l'éloquence de si éloquents dédains, Bossuet, se trahissait dans un ouvrage qui reçut ses plus intimes pensées : « Je suis un peintre, disait-il, un sculpteur, un architecte, j'ai mon art, j'ai mon dessein ou mon idée, j'ai le choix ou la préférence que je donne à cette idée par un amour particulier ; avec cette règle primitive et le principe fécond qui fait mon art, j'enfante au dedans de moi un tableau, une statue, un édifice qui, dans sa simplicité, est la forme, le modèle immatériel de ce que j'exécuterai. J'aime ce dessein, cette idée, ce fils de mon esprit fécond et de mon art inventif. L'amour qui me fait aimer cette production est aussi beau qu'elle » (1). Ainsi pensait ce grand artiste chrétien. Il aimait, lui aussi, son idée, et cet amour divin est la condition de toute grandeur... L'artiste qui ne croit pas peut négliger le caprice de son imagination, comme autrefois ces païens qui exposaient leurs enfants ; mais, comme un père reçoit l'enfant que Dieu lui envoie ainsi qu'un ange dont il est le dépositaire et responsable, de même le chrétien doit recevoir l'inspiration qui lui est venue, la nourrir de son travail, l'environner de ses soins et la produire au dehors, en sorte qu'elle soit respectable et aimable devant les hommes. Pour lui, l'inspiration a un nom sacré ; elle s'appelle grâce.. Et c'est ce respect pour la pensée venue d'en haut qui fait la conscience de l'art chrétien ; c'est Dieu qu'il honore en soi (2).

---

(1) BOSSUET. — *Elévations sur les Mystères*, II-7.

(2) OZANAM. — Œuvres vol. 7. — *Des devoirs littéraires des chrétiens*, page 177.

LES

OBSTACLES A LA PRÉPARATION INTELLECTUELLE

XIII

La Dissipation

Le travail intellectuel est avant tout une œuvre de réflexion. Il ne suffit pas d'emmagasiner dans son esprit des matériaux, l'essentiel est de les triturer, de les digérer, de se les assimiler par la méditation.

Et comme il n'y a pas de méditation vraiment fructueuse sans recueillement, nous voyons toujours les hommes d'étude la rechercher dans la solitude. L'antiquité classique nous montre ses poètes s'enfonçant dans le silence et la poésie des grands bois pour y trouver l'inspiration. Aux époques troublées des invasions barbares et du Moyen âge, alors que partout retentissaient des bruits de guerre, nous voyons la science se réfugier à l'ombre protectrice des hautes murailles des cloîtres.

Aujourd'hui, où trouver le silence ? Le bruit n'est-il pas l'élément quasi nécessaire de notre société contemporaine ? Elle y nage, elle s'y noie. Le mouvement des affaires, le bourdonnement des nouvelles, les cris de la politique, la fréquence des voyages et des excursions lointaines, tout contribue à augmenter le tumulte. Au milieu de ces clameurs et de ces occupations, on ne s'entend plus, on ne s'appartient plus. Si vous ajoutez encore à toutes ces causes d'agitation, les tyranniques exigences de la vie mondaine, vous verrez quelles difficultés immenses il y a à trouver des heures de tranquillité où, en paix, on puisse se livrer au travail.

Aussi, conséquence désastreuse, combien sont rares parmi nous ceux qui pensent, qui étudient. On n'a plus de temps pour les choses de l'esprit, et surtout on n'y a plus la tête.

Les jeunes gens se laissent-ils entraîner dans ce tourbillon où tout semble les inviter à se jeter à corps perdu, et les ardeurs, les charmes, la beauté de la jeunesse, et l'attrait du fruit défendu, et l'enivrement des premiers jours de liberté, et les pressantes sollicitations du monde ? Hélas ! ils sont peu nombreux ceux qui ont la force et le courage de résister à l'entraînement du courant, à la contagion de l'exemple.

Beaucoup de nos étudiants deviennent des mondains, tenant en plus haute estime la parure du corps que celle de l'esprit, préférant aux études sérieuses certains arts d'agrément et de luxe, à la réputation de travailleur, celle d'un parfait cavalier, aux éloges des professeurs, l'admiration des femmes.

Ils aiment le monde, aussi cherchent-ils toutes les occasions de le trouver. Ils fréquentent assidûment les cercles et les clubs, ne manquent pas un bal ou une réception ; ils sont de toutes les parties de plaisir ; on les trouve parmi les habitués des théâtres et des courses.

Ces jeunes mondains s'occupent-ils beaucoup de leurs études?— Tout d'abord, *ils n'en ont pas le temps.* Ces longues heures des soirées sont perdues pour le travail. Dans les salons d'aujourd'hui, rendez-vous des petits potins et des cancans scabreux, que peut-on apprendre d'utile ? Le temps s'y passe à encenser les personnes présentes et à dénigrer les absentes, à parler de la mode, de la politique, mais jamais ou très rarement de choses sérieuses.

Ils n'en ont plus la force. Comment ces jeunes hommes sortent-ils de ces réunions tardives, de ces danses fatigantes, de ces spectacles où tout est organisé pour énerver et griser les sens ? Ils en reviennent brisés, corps et âme. Le lendemain, ne leur demandez pas un effort physique, intellectuel ou moral, ils sont incapables de toute énergie. Résultat final, après quelques mois d'une telle vie, c'est la stérilité de l'esprit, l'étiolement du corps et l'amoindrissement de l'âme.

« Lorsque, dit le Père Lacordaire, je quittai ma province, à l'âge de vingt ans, pour venir à Paris, un homme éminent qui s'intéressait à ma jeunesse me dit cette parole, qui m'est toujours demeurée présente : « Si vous voulez être tout ce que Dieu demande de vous et vivre autant que le comporte votre nature, ne veillez jamais au delà de dix heures du soir. » Aujourd'hui, par une aberration commune, mais sévèrement punie, on veut unir au prestige des travaux sérieux la jouissance des plaisirs vulgaires. On est homme du monde par delà minuit, et l'on se réveille écrivain, savant, magistrat, ministre même, en attendant que la nature, accablée de ce double fardeau, se venge du génie lui-même par un idiotisme qui attriste l'admiration et que l'antiquité n'avait pas connu » (1)

« Je nie, ajoute un philosophe, grand ami de la jeunesse,(2) que les esprits puissent grandir avec l'organisation actuelle du soir.

Quand toute journée finit par le plaisir, sachez que toute journée est vide. Je ne parle pas de ceux qui, chaque soir, brisent toute leur force et leur dignité d'homme par une orgie, je parle de ceux qui, comme presque tous aujourd'hui, cessent toute vie sérieuse à un moment donné, pour l'interrompre pendant au moins douze heures ou quatorze heures. Que devient ce temps ? Qu'est-ce que nos conversations du soir, nos réunions, nos jeux, nos visites, nos spectacles ? Il y a là comme un emporte-pièce de quatorze heures sur la vie véritable. C'est du repos, dira-t-on. Je le nie. Ce qui dissipe ne repose pas. Le corps, l'esprit, le cœur épuisés, dissipés hors d'eux-mêmes, se précipitent, après une soirée vaine, dans un lourd et stérile sommeil, qui ne repose rien, parce que la vie, trop dispersée, n'a plus ni le temps ni la force de se retremper dans ses sources. Dans quel état sort-on d'un tel sommeil ? »

Ils n'en ont plus le goût. Alors même qu'il en aurait la force, comment voulez-vous que ce jeune homme qui a brillé dans le monde, qui croit y avoir des admiratrices et qui peut-être a commencé à vivre la première page d'un roman d'amour, comment voulez-vous qu'il s'intéresse à ses études, qu'il se recueille après cette dissipation. ?

---

(1) P. LACORDAIRE, — IIe *Lettre à un jeune homme*

(2) P. GRATRY. — *Les Sources*, pages 39 et 40.

Rentré dans sa modeste chambre, l'imagination pleine de mille fantômes, le cœur troublé, comme tout lui paraît froid et vide. Il repasse longtemps dans sa mémoire les moindres détails de la soirée ; il en revit chacun des instants, en ressent chacune des émotions.

Veut-il se remettre au travail, aussitôt les souvenirs renaissent. Il est entraîné bien loin au pays des rêves, dans un monde étrange tout de lumière, de parfum, de joie et d'amour, et les heures passent. Ses livres, souvent si prosaïques, où s'étalent en longues colonnes les axiomes arides du droit ou les formules abstraites de la physique et de la chimie, lui pèsent lourdement. Là, où est son cœur, là sont toutes ses pensées, et si, aux cours des facultés, il est présent de corps, il est absent d'esprit. Comme sa vie réelle avec ses exigences lui parait insupportable et triste en comparaison de celle qu'il s'est forgée de toutes pièces !

La vie mondaine est donc un grand obstacle au travail intellectuel. Aussi voyons-nous tous ces hommes dont nous admirons la vie utile et féconde en fuir les pernicieux entraînements. C'est Montalembert qui nous apprend qu'étant étudiant, il ne sortait jamais le soir, n'allait ni au théâtre ni au spectacle. « Une fois seulement, j'ai dérogé, dit-il, pour entendre Mme Malibran, et cela dans un de ses plus mauvais rôles. C'est Ozanam qui, se souvenant de la promesse faite à sa mère et de la recommandation de M. de Chateaubriant, évita toujours, lui aussi, le théâtre. C'est Garcia Moreno, qui, étudiant à Paris, se confine dans un modeste appartement de la rue de la Vieille-Comédie, loin des boulevards tumultueux, consacre seize heures par jour à l'étude et se prive des distractions les plus inoffensives pour gagner du temps. « Comme tous les Américains, il était grand fumeur. Aussi, en passant aux Antilles pour se rendre en France, avait-il fait une ample provision de cigares de qualité superfine. Un jour qu'un de ses amis, sur le point de retourner à l'Equateur, lui faisait ses adieux, Garcia Moreno lui offrit pour son voyage le coffret qui contenait son trésor. Son interlocuteur lui faisant observer qu'il ne trouverait rien de comparable à Paris, tandis que lui serait bientôt à la source : « *Prenez,* lui dit-il, *vous me rendrez un grand service. Il me faut étudier, étudier toujours, et je ne veux plus perdre le temps que je passe à allumer ces malheureux cigares.* » (1)

Mais, me direz-vous, l'étudiant n'est pas un moine dans un cloître. C'est vrai, aussi je n'ai nullement la prétention de lui imposer le silence du trappiste, ni la solitude du chartreux, ni les austérités des anachorètes.

Votre esprit a besoin de repos, il faut lui en donner.

« Il est force, selon saint Francois de Sales, de relâcher quelquefois notre esprit et notre corps à quelque sorte de récréation. Saint Jean l'Evangéliste, comme dit Cassien, fut un jour trouvé par un chasseur, tenant une perdrix sur sa main et la caressant par récréation. Le chasseur lui demanda pourquoi, étant homme de telle qualité, il passait le temps en chose si basse et si vile ; et saint Jean lui dit : Pourquoi ne portes-tu ton arc toujours tendu ? De peur, répondit le chasseur, que demeurant toujours courbé. il ne perde la force de s'étendre quand il en sera métier. Ne t'étonne donc pas, répliqua l'apôtre, si je me démets quelque peu de la rigueur et attention de mon esprit pour prendre

---

(1) Garcia MORENO. — R. P. Berthe, page 212.

un peu de récréation, afin de m'employer plus vivement par après à la contemplation » (1).

Il a encore besoin de repos pour l'assimilation de ses acquisitions, pour leur développement et leur fécondité. « Dans une longue pratique de l'enseignement, dit un éminent professeur de l'Université, j'ai vu souvent des élèves qui avaient peine à suivre la marche du cours, et qui ne voyaient pas bien l'enchaînement des questions, revenir, après quinze jours de repos intellectuel absolu, aux vacances de Pâques, transformés. Un tassement s'est opéré en leur pensée ; l'organisation des matériaux s'est parachevée et les voilà définitivement maîtres de leurs cours. Sans cette cessation bienfaisante d'acquisitions nouvelles, rien de tel peut-être ne se fût produit chez eux. »

N'est-ce pas le phénomène que nous constatons souvent dans le repos de la nuit. « Laplace, l'illustre mathématicien, nous apprend, dans un de ses ouvrages, que souvent il posait le soir des problèmes par le travail et la méditation, et que le matin, au réveil, il les trouvait résolus.

Parmi ceux qui travaillent, qui n'a observé ces faits ? Qui ne sait à quel point le sommeil développe les questions posées, fait fructifier les germes de notre esprit ? Que de fois, au réveil, la vérité qu'on avait poursuivie en vain brille dans l'âme au sein d'une clarté pénétrante ! On dirait que les fruits du travail se concentrent dans le repos, et que l'idée se dépose en notre âme comme un cristal, comme un diamant quand *l'eau-mère*, longtemps agitée, vient à dormir » (2).

---

(1) Introduction à la vie dévote.

(2) P. GRATRY. — *Les Sources*, page 38.

Le repos pour le travail est donc nécessaire. Il faut des heures où notre esprit puisse se débarrasser complètement du poids de l'étude, où il puisse se refaire, se retremper et prendre de nouvelles forces.

Quel repos nous procurera ce bienfait ?

C'est en premier lieu le sommeil. Il est nécessaire d'attirer l'attention des jeunes gens sur ce point, aujourd'hui où l'on n'a plus le respect de ce temps sacré, où si souvent l'on fait de la nuit le jour et du jour la nuit.

De même que j'ai condamné les soirées mondaines, je condamne aussi, et non moins énergiquement, le travail prolongé trop avant dans la nuit. On y est souvent exposé, surtout à l'approche des examens ; le temps presse, coûte que coûte, il faut voir toutes les matières inscrites au programme. Ou bien, on a commencé une lecture intéressante qu'on veut achever avant de s'endormir. Il semble qu'on travaille mieux. C'est un mauvais calcul. Le sommeil sera agité et le lendemain nous nous trouverons moins bien disposés pour ces heures matinales où l'étude est si fructueuse. Répétées fréquemment, ces veilles engendrent une sorte d'irritabilité de tout le système nerveux et entrent pour une grande part dans l'affaiblissement des santés.

Cherchons aussi le repos dans les distractions.

Si tous les éducateurs sont d'accord pour bannir les distractions prises dans des lieux renfermés, dans un air malsain, surchargé de fumée de tabac, pour proscrire les longues heures passées à jouer aux cartes, aux échecs, tous le sont également pour recommander les exercices au grand air.

« Les caractères essentiels d'une bonne distraction doivent

être d'accélérer la circulation et le rythme respiratoire, et spécialement de provoquer un travail étendu des muscles du thorax, de la colonne vertébrale, des plans musculaires de l'estomac et de reposer la vue... La marche en pleine campagne, les flâneries enchantées dans les bois, remplissent une partie du programme imposé. Malheureusement ces plaisirs ne remplissent pas toutes les conditions indiquées, puisqu'ils laissent immobiles les muscles de la colonne vertébrale qui intéressent la respiration et ceux qui enserrent l'estomac. En revanche, ils inondent les poumons d'air pur et reposent agréablement les yeux. Le patinage, le plus intense des plaisirs de l'exercice, est l'un des plus complets comme variété des mouvements ; la natation en été, le plus vigoureux des exercices respiratoires, ont une merveilleuse puissance de délassement pour le travailleur de l'intelligence. Ajoutez à ces exercices la rame avec les jolis paysages qui bordent la rivière ; le jardinage avec les mouvements très divers qu'il impose » (1). L'auteur que nous citons est opposé aux exercices violents qui occasionnent de la lassitude. Selon lui, toute fatigue est de trop, car, ajoutée au travail intellectuel, elle devient du surmenage. Il recommande de jouer aux boules, aux quilles, à la paume, à tous ces vieux jeux français que ne devraient supplanter ni le crockett, ni le lawn-tennis.

D'autres, au contraire, se font les ardents champions des sports athlétiques. « Ce que je réclame par-dessus tout, dit Jules Simon, c'est le jeu actif ; c'est ce que les Anglais ap-

---

(1) C. Lagrange, cité par Payot. — *L'exercice chez les adultes*, page 299 et suivantes.

pellent le jeu athlétique, le développement de la force physique dans la joie et la liberté. La joie elle-même est mon amie et mon auxiliaire, la joie bruyante de l'enfance et de la jeunesse ; je veux dire les courses et les luttes, le jeu de paume, le jeu de barres, le jeu de balles, le jeu de boules, non dans ces salles empestées, mais en plein air, à l'air des champs s'il est possible. » Le même auteur ajoute : « Il ne faut pas s'imaginer qu'on soit jamais un esprit bien trempé quand on n'a pas un corps vigoureux » ; et il se rit tristement de ce qu'il nomme « ces petits mandarins ridicules qui sont courbaturés intellectuellement quand ils font leur entrée dans la société parce qu'ils ont passé quinze années de leur vie à détruire leur virilité par le travail sans le repos, et l'étude sans le jeu. »

LE PÉCHÉ MIGNON DE LA JEUNESSE

XIV

La Paresse

« La science, a dit Bernard Palissy, se découvre à qui est veuillant, agile et laborieux. » Nous savons tous par expérience quelle somme énorme d'application il faut pour en rompre l'écorce amère. Il faut une énergie que rien ne lasse, que rien ne décourage, que rien n'épouvante, ni les sacrifices, ni les obscurités, ni les rudes et crucifiants labeurs.

S'il était nécessaire pour vous convaincre de vous apporter un exemple, je vous dirais de lire la vie de celui qui fut une des gloires les plus pures de la science et du nom français, Louis Pasteur. Vous verriez quelles difficultés il eut à surmonter, quelles fatigues il dut s'imposer avant de « pénétrer dans ce monde des infiniments petits, dans lequel s'élaborent les grands fléaux qui emportent l'humanité et où se cachent les forces qui la peuvent guérir et sauver. » Il y a dans sa biographie, écrite avec amour par M. Vallery-Radot, des pages émouvantes à l'égal d'un drame : ce sont celles où il nous montre les agonies par lesquelles cette grande intelligence et ce grand cœur eurent à passer, avant de faire à l'homme l'application du serum antirabique.

Le travail exige beaucoup d'efforts ; c'est un fait. « Il ne faut pas s'en étonner : la science est une victoire ; l'intelligence une conquérante, l'étude est son combat, et le travail, son arme nécessaire. C'est la loi inévitable du développement de l'esprit... »

Trouvons-nous l'amour du travail chez les jeunes gens de nos jours ? Chez quelques-uns, oui. Mais la paresse, à l'état aiguë et chronique n'est-elle pas le péché mignon du plus grand nombre ?

Regardez l'étudiant au collège ou à l'université, vous remarquerez en lui *cette langueur d'âme*, dont parle Fénelon. Il fait tout, avec nonchalance, sans enthousiasme. Le temps des cours, au lieu d'être pour lui une initiation à une vie virile intense, n'est que l'apprentissage de la vie vulgaire du bourgeois fainéant. Sa grande occupation est de passer ses journées, en flânant, en s'ennuyant le moins possible. S'il y a en lui encore un peu d'énergie, ce n'est pas pour la science, mais bien pour le plaisir.

Irai-je jusqu'à dire qu'il ne fait jamais rien ? A certaines heures, à l'approche imminent des examens, il est capable d'un coup de collier, d'un effort de mémoire pour emmagasiner vaille que vaille les matériaux des programmes universitaires, et c'est tout.

Aussi à quel résultat arrive-t-il ? Habitué dès sa jeunesse à passer son temps dans l'oisiveté, il vivra sur le petit acquit, s'en contentera, sans même prendre la peine de le faire fructifier. Si un jour, se trouvant en face d'une situation qu'il se sent incapable d'occuper honorablement, il s'aperçoit qu'il lui manque quelque chose, il s'en consolera aisément, en regardant avec orgueil, exposé dans son bureau, les diplômes que lui ont accordés de trop bénins examinateurs et où s'étalent triomphants les sceaux de toutes les facultés. Paresseux il a été, paresseux il restera, et il promènera sur tous les chemins de la vie, sa scandaleuse médiocrité.

« Un homme mou et amusé, dit Fénelon, ne peut jamais être qu'un pauvre homme ; il ne saurait cultiver ses talents, ni acquérir les connaissances nécessaires, ni s'appliquer courageusement à se corriger. C'est le paresseux de l'Ecriture qui veut et ne veut pas, qui veut de loin ce qu'il faut vouloir, mais à qui les mains tombent de langueur, dès qu'il regarde le travail de près. Que faire d'un tel homme ? Il n'est bon à rien. Les affaires l'ennuient, la lecture sérieuse le fatigue. Il lui faudrait lui faire passer sa vie sur un lit de repos. Travaille-t-il, les moments lui paraissent des heures. S'amuse-t-il, les heures ne lui paraissent que des moments. Tout son temps lui échappe ; il ne sait ce qu'il en fait, il le laisse couler comme l'eau sous les ponts... Un tel homme n'est bon à rien. »

La paresse n'est pas toujours aussi caractérisée. Elle se pare quelquefois d'un vêtement de travail qui peut tromper. Nous nous trouvons en présence d'un type de paresseux très fréquent. C'est celui d'un jeune plein d'ardeur et qui ne reste jamais inoccupé. Il lit beaucoup, aime à converser de choses sérieuses et à se tenir au courant des travaux actuels, scientifiques, littéraires ou artistiques. En le voyant plein d'activité et plein d'entrain à l'étude, on admire sa puissance de travail. Et cependant le psychologue qui le considère attentivement le classe dans la catégorie des paresseux, *du type éparpillé.*

Cette sorte de paresse est moins coupable que celle dont nous parlions plus haut, mais elle est peut-être plus dangereuse. Il est si facile de se faire illusion. Il est nécessaire d'en préserver les jeunes gens, car il y a là un des plus sérieux obstacles à leur formation intellectuelle que l'on puisse rencontrer. « Le grand inconvénient de cet éparpillement des efforts, c'est que nulle impression n'a le temps de s'achever. On peut dire que la loi absolue qui régit le travail intellectuel, c'est que les idées et les sentiments que nous avons seulement logés en nous comme on loge en une *hôtellerie* des hôtes de passage, sont et demeurent pour nous des étrangers que nous aurons bientôt oubliés.

» Cette paresse d'esprit se traduit par une propension à penser avec les mots, sans plus. Ainsi, en étudiant la psychologie, aucun d'eux n'aura l'idée que faisant de la psychologie appliquée dès sa naissance et toute la journée, comme Jourdain faisait de la prose sans le savoir, il serait infiniment simple de s'examiner soi-même et de trouver des exemples personnels au lieu de retenir les exemples que leur citent leurs livres. Mais non, ils ont un penchant invincible à apprendre plutôt qu'à chercher. La surcharge énorme qu'ils devront ainsi imposer à leur mémoire les effraye moins que le plus léger effort personnel. Ils sont passifs partout. » (1)

La cause de cette horreur du travail personnel, certains croient la trouver dans notre système d'éducation, où, pour se conformer aux exigences des programmes beaucoup trop chargés, on est obligé de voir à la hâte quantité de matières sans en approfondir aucune ; et ainsi on n'habitue pas la

(1) Cf. PAYOT. — *Education de la volonté*, page 9.

jeunesse à réfléchir mais bien au contraire à se complaire dans le superficiel. On développe en elle la mémoire et on laisse l'intelligence inculte. Qu'il y ait beaucoup de vrai dans cette opinion, nous le reconnaissons sans peine, et les éducateurs en tout premier lieu. Depuis longtemps ils ne cessent de se plaindre de la surcharge des programmes. Mais nous croyons que la principale cause est la vieille paresse humaine. Il en coûte beaucoup moins de tout effleurer que de tout approfondir. C'est toujours de l'effort que nous avons peur.

Beaucoup de jeunes gens, quand il s'agit de travail intellectuel, sont donc des paresseux. C'est là un fait qui frappe les yeux, et chose curieuse, il est difficile de le faire constater aux intéressés. Ils ne veulent pas en convenir ; et si parfois on parvient à leur faire admettre la vérité, ils ont pour se disculper d'excellentes raisons qui ne sont que de **vulgaires sophismes**.

Je n'ai pas le temps. Telle est d'ordinaire la première excuse que l'on trouve sur les lèvres des étudiants. Cette excuse est une fin de non recevoir que l'on retrouve toutes les fois qu'il s'agit d'imposer à l'homme une obligation contre laquelle se révoltent ses passions ou sa paresse.

C'est un étudiant qui ose dire: Je n'ai pas le temps ? Lui, qui est le maître presque absolu de lui-même; lui, qui ne connait pas encore les dures exigences d'un métier. A l'entendre, on dirait qu'il porte sur ses épaules le poids du monde, dans son esprit les préoccupations d'un chef d'état. Jamais, entendez-le bien, vous ne serez aussi libre, jamais vous n'aurez autant de loisirs que durant les années passées à l'Université.

Faites-donc le bilan d'une de vos journées, et vous verrez

si vous ne pouvez pas trouver plusieurs heures pour le travail intellectuel.

A quelle heure vous levez-vous le matin ? Devancez-vous l'aurore ? Le premier rayon du soleil ne vous trouve-t-il pas dans l'inaction du lit, n'attendez-vous pas que la pleine lumière vienne frapper vos yeux encore engourdis dans une somnolente langueur ?

Alors que faites-vous de ce temps du matin, « de cette heure presque divine », comme Dante la nomme ?

Voilà des heures perdues et quelles heures, les meilleures, les heures d'inspiration, de fraîcheur d'esprit, de recueillement et de fécondité. « Ce moment du réveil dans l'ombre ou la clarté du matin, selon les saisons, est un moment sacré. L'âme qui n'en connaît pas le prix ne s'initiera jamais bien avant aux voies de Dieu, qui a réglé le cours des astres en même temps que la vie de l'homme,et fait de l'une et de l'autre une harmonie caculée. Le mépris de cette harmonie, funeste à la santé et au travail, l'est bien davantage encore à la piété. L'homme qui prolonge son sommeil au delà du matin, parce qu'il a prolongé sa veille au delà d'une juste nuit, trouve à son chevet le bruit et les affaires du monde. Il est saisi par leur éclat tumultueux, et cherche en vain pour Dieu l'heure tranquille qu'il a perdue par sa faute. Il ne trouve que des devoirs qui se précipitent, des ennuis qui s'appellent, l'oubli de son âme et le silence de la vérité » (1).

Commencée ainsi, la matinée s'achève dans le désœuvrement. Que de temps sottement employé à la toilette. Il faut bien l'avouer, les femmes ne sont pas les seules qui mettent

(1) P. LACORDAIRE, — IIe *Lettre à un jeune homme.*

dans leur petite personne toutes leurs complaisances. On rencontre des jeunes gens qui gaspillent de longues heures à se contempler, à se mirer, à lisser, à aligner, à parfumer leur chevelure, à faire le nœud de leur cravate suivant les exigences de la mode la plus récente. Le reste du temps se passe à bailler, à parcourir mollement un livre ou un journal. Et après une matinée perdue, on arrive au dîner.

La soirée est-elle mieux remplie? Hélas! Elle est consacrée à ces mille riens dont la vie du monde est remplie, en causeries, en discussions stériles, en dénigrements mesquins, en critiques injustes contre les professeurs ou contre d'autres étudiants. A certains jours, on assiste au cours, il le faut bien, mais c'est plutôt en amateurs qu'en hommes désireux de s'instruire.

Vraisemblablement ces étudiants peuvent-ils arguer du manque de temps pour se dispenser du travail ?

Lorsqu'on n'a pas le temps, il le faut prendre. Vous en trouvez pour manger et pour dormir, parce que c'est absolument nécessaire. Vous en trouvez pour vous amuser, parce que vous le voulez. Si vous n'en trouvez pas pour travailler, c'est que vous ne le voulez pas.

Levez-vous à une heure plus matinale. Sans doute, je ne vous demanderai pas de faire comme les étudiants d'autrefois. Un grand magistrat du XVIe siècle, Henri de Mesmes, nous raconte qu'en l'an 1545, il fut envoyé à Toulouse, pour étudier ès-loix, avec son précepteur. « Nous fûmes, dit-il, trois ans auditeurs en plus estroite vie et pénibles estudes que ceulx de maintenant ne voudraient supporter. *Nous étions debout à quatre heures*, et, ayant prié Dieu, allions à cinq aux estudes, nos gros livres sous le bras, nos écritoires et nos chandeliers à la main... » On a calculé qu'en se levant chaque jour deux heures plus tôt, soit à cinq heures au lieu de sept, ou à six au lieu de huit, au bout de quarante années, on n'avait pas gagné moins de deux mille heures, soit sept ans de vie.

Et s'il le faut, pour vous ménager au cours de la journée quelques instant et pour vous protéger contre vous-mêmes faites-vous un règlement.On a comparé le règlement à ces rails de chemins de fer sur lesquels le wagon n'a qu'à se laisser porter pour s'assurer de marcher droit et d'arriver au but. Il ne faut pas en fixer trop minutieusement tous les détails, car alors vous ne le suivrez pas, ou si vous en observez quelques points, ce ne sera guère que ceux consacrés aux récréations. Tracez-en les grandes lignes, d'une main ferme et prévoyante.

« De là, dit un auteur, une paix, une aisance, une joie douce qui résulte de ce bel ordre dans lequel il y aura une place pour chaque chose et chaque chose à sa place. Nul encombrement alors, nul choc, nulle surcharge et tout arrive à point par un mouvement d'ensemble. Alors la vie est une chaîne dont les anneaux se déroulent sans froissement et sans bruit ; et, au haut de cette chaîne, on voit la main de Dieu qui en tient le dernier anneau pour nous attirer à lui. » (1)

Avec le lever matinal, le règlement de la journée, il est encore un autre moyen de trouver du temps pour l'étude, que je veux signaler à la jeunesse, moyen auquel on ne pense pas ou bien que l'on dédaigne, c'est *l'utilisation des quarts d'heure et des minutes.* Ces minutes, on les perd sous prétexte que ce n'est point la peine de commencer quelque chose ; et cependant au bout de l'année elles f nissent par former un

(1) Mgr. BAUNARD. — *Collège Chrétien*, Tom. I.

total énorme. Pourquoi ne pas les employer fructueusement à lire une page d'un auteur, à prendre des notes, à préparer les matériaux d'un travail futur. C'est le célèbre d'Aguesseau, qui, le déjeuner n'étant jamais prêt à l'heure, présenta un jour à sa femme comme hors-d'œuvre un livre écrit pendant les quarts d'heure d'attente.

Les paresseux allèguent souvent comme excuse la faiblesse de leur santé. Ils ont peur que le travail ne les rende malades, et volontiers, ils citent des exemples. Un étudiant de leurs amis a dû abandonner ses études et ainsi a compromis à tout jamais son avenir. Il aurait pu, disent-ils, faire comme ses camarades, s'amuser davantage et ne pas se tuer au travail.

Que l'excès dans l'étude puisse avoir de fâcheuses conséquences sur tout l'organisme humain, la chose n'est pas douteuse. Personne ne vous demande de faire des excès.

Rencontre-t-on beaucoup de jeunes gens malades pour avoir trop travaillé intellectuellement ? La chose est difficile à prouver. Car est-ce le travail qui est la véritable cause de l'affaiblissement de la santé ? La sensualité et les autres passions mauvaises ne font-elles pas plus de victimes ? On voit très rarement dans les collèges et les universités des jeunes gens parfaitement sages, que le seul surmenage intellectuel a conduits à la tombe.

Presque toutes les maladies contractées par les hommes d'études proviennent de ce qu'ils n'ont pas observé certaines lois de la plus élémentaire hygiène. On travaille à contre-temps alors qu'il aurait fallu se reposer, comme immédiatement après les repas ; on prolonge ses veilles outre-mesure, on prend certaines boissons qui sur le moment même produisent une excitation toute factice et qui à la longue débilitent le système nerveux ; on reste de longues heures le buste ployé sur une table ; on s'enferme dans un appartement surchauffé ou mal aéré ; on se sert de mauvaises méthodes de travail où une trop grande part est faite au côté purement matériel. Avec un peu de prudence, ces causes de fatigue peuvent facilement être éloignées.

Nous ne voulons pas dire qu'il n'y a aucune peine attachée au travail intellectuel, « c'est aussi pour les labeurs de l'esprit, dit Ozanam, (1) qu'au jour de la chûte fut prononcée cette parole : *Tu mangeras ton pain à la sueur de ton front.* Voyez dans l'Eglise cette longue tradition du travail, depuis Origène, l'homme aux entrailles d'airain, depuis saint Augustin, qui commença si tard et qui pourtant a vu toutes choses, jusqu'à saint Thomas, qui mourut à quarante-neuf ans, laissant à la science dix-sept volumes in-folio. Dans les temps modernes, c'est Bossuet se levant à deux heures du matin pour reprendre son ouvrage à peine interrompu, c'est d'Aguesseau professant que le changement de travail était pour l'esprit une récréation suffisante ; ce sont tous ces magistrats du dix-septième siècle, allant dès six heures du matin s'asseoir sur les fleurs-de-lis, donnant tout le jour aux fonctions publiques, le soir à l'éducation de leurs enfants, partageant la nuit entre l'étude et la prière... Aujourd'hui nous ne travaillons pas... Sept ou huit heures par jour données à la science alarment pour nos misérables santés la sollicitude de nos amis... Sachons-le pourtant, il ne faut pas se croire dispensé par la foi de la

(1) OZANAM. Vol. 7, pages 160 et 161. — *Devoirs littéraires etc.*

fatigue et des veilles. Le travail, châtiment de la déchéance, est devenu la loi de la régénération. C'est lui qui fait les époques glorieuses quand il y trouve l'inspiration ; et quand elle n'y est pas, c'est encore lui qui fait les hommes utiles et les peuples estimables. »

Je voudrais bien travailler, disent certains étudiants, étudier à fond une question, écrire un article ; j'aime le travail, **mais je n'ai pas ce qu'il faut, les livres me manquent.**

Cette excuse est sans aucune valeur sur les lèvres des étudiants de grandes villes universitaires. S'ils n'ont pas tous les livres dont ils ont besoin à leur disposition et si faute d'argent ils ne peuvent se les procurer, ils ont toujours la ressource des bibliothèques publiques, qui leur sont largement ouvertes.

Les étudiants des petites villes ou de la campagne, seuls, peuvent se plaindre du manque de moyens d'études.

Il y a là, il faut en convenir, une véritable souffrance, et c'est souvent une des raisons pour lesquelles certains esprits n'ont pas produit ce qu'on était en droit d'attendre d'eux. Comment faire de l'histoire, sans les documents renfermés dans les archives ; comment suivre le mouvement de la pensée contemporaine sans les livres qui en marquent chaque jour l'évolution.

Cette disette de livres est un malheur, mais elle a aussi son bon côté ; elle nous oblige à un travail personnel plus intense. « Ces grandes bibliothèques, dit un auteur que nous avons déjà cité, ne vont pas sans de sérieux inconvénients. Avec la facilité de voir ce que nos prédécesseurs ont pensé des questions qui nous intéressent, on finit par perdre l'habitude de penser par soi-même. Et comme nul pouvoir ne s'affaiblit plus tôt par manque d'exercice que celui de l'effort personnel, on en arrive très tôt à substituer toujours et partout les efforts de mémoire aux efforts de recherche active par soi. Presque toujours la capacité de pensée personnelle est inversement proportionnée à la richesse des secours que fournit le milieu dans lequel on vit. C'est pour ce motif que les étudiants doués d'une mémoire très heureuse sont presque toujours inférieurs à leurs camarades moins bien doués sous ce rapport. Ces derniers, défiants de leur capacité de retenir, ont recours à elle le moins possible. Ils font un choix scrupuleux des matériaux que la répétition introduira dans la mémoire ; ils ne confient à celle-ci que ce qui est essentiel, laissant l'oubli faucher ce qui n'est qu'accident. Et l'essentiel lui-même, il est urgent de l'organiser fortement. Une telle mémoire est comme une armée d'élite puissamment encadrée. Aussi celui à qui les bibliothèques innombrables sont fermées ne s'entoure que de livres de premier choix, qu'il lit avec soin, qu'il médite et qu'il critique, suppléant à ce qui lui manque par l'observation personnelle et par des efforts de pénétration qui constituent une admirable trempe pour l'esprit. »

L'ÉCUEIL DE LA JEUNESSE

XV

Les Passions

Saint Grégoire de Naziance, dans son poème sur sa vie, a une belle fiction où il raconte qu'étant enfant, il fut visité par la Chasteté et la Tempérance. Ces deux célestes envoyées lui demandèrent de leur rester fidèle ; moyennant quoi, elles le conduiraient à la science parfaite des plus profonds mystères.

N'y a-t-il pas là un gracieux symbole de la réalité ? Est-il en effet une chose plus nécessaire à celui qui se livre aux travaux de l'esprit, que la pureté ? Pour conquérir la science, notre âme a besoin de lumière et de liberté. De lumière, pour la découvrir ; de liberté, pour consacrer à cette difficile entreprise le temps, l'attention, les forces qu'elle réclame.

Or, tandis que la volupté enténèbre notre intelligence et enchaîne notre activité, la pureté, au contraire, l'illumine et la délivre de tout ce qui peut entraver son action.

Il était donc utile, après avoir parlé de la dissipation et de la paresse, de signaler ce troisième écueil, le plus terrible de tous, contre lequel tant de jeunes gens viennent se briser : **l'Impureté.**

Notre âme marche à la conquête de la vérité servie par deux ordres de puissances, les sens qui lui fournissent les images des choses extérieures, et l'intelligence qui spiritualise ces images en vertu de sa force abstractive, pour en tirer les idées dont elle fait sa nourriture. Jetée dans l'ignorance de toutes choses au sein d'un corps grossier, notre âme doit s'élever par degrés jusqu'aux êtres immuables et spirituels et de ces derniers jusqu'à l'essence divine. Plus notre puissance d'abstraction des choses sensibles sera grande, plus notre opération intellectuelle sera parfaite ; plus aussi sera rapide et sûre notre marche vers la vérité

Or, que fait la volupté? — Elle attire vers la terre, elle ensevelit en quelque sorte dans la matière, l'homme, que Dieu avait créé debout, la tête fièrement plantée sur les épaules, afin que ses yeux puissent toujours être fixés vers le ciel, vers ce royaume immatériel des êtres, où son âme doit prendre son essor. Les choses sensibles ne doivent pas nous arrêter, c'est un marchepied pour nous élever plus haut, du monde visible au monde invisible, des créatures au Créateur.

Dans ce commerce incessant avec les éléments inférieurs de la nature, l'œil de l'intelligence baisse, s'affaiblit, s'éteint. Saint Augustin dit que la lumière est le breuvage et la nourriture de l'œil ; condamné aux ténèbres, l'œil perd la sympathie qu'il avait pour les astres, il devient incapable de les regarder, d'en supporter l'éclat, bientôt il ne peut plus s'ouvrir en dehors de l'obscurité, autant dire qu'il succombe et qu'il meurt.

L'esprit s'abreuve, s'engraisse divinement de la lumière intellectuelle; l'emprisonner dans les cavernes noires du monde sensible, c'est l'étouffer, presque changer sa nature, l'abîmer dans une sorte de mort. « J'allais, raconte l'évêque d'Hippone, à travers les formes corporelles..., c'est en vain que la splendeur vigoureuse du vrai faisait irruption dans mes yeux, je détournais mon âme palpitante de la réalité incorporelle pour l'attacher aux lignes, aux couleurs, aux vagues enflées de la matière. » (1)

Non seulement la volupté obscurcit l'intelligence, mais elle la déprave.

Comme le corbeau va droit aux yeux des cadavres qu'il veut manger, l'impureté va droit aux yeux de l'âme, qu'elle déprave.

Son regard malade ne peut plus supporter la vérité, la lumière lui devient odieuse, parce que, suivant le mot de saint Jean, elle lui fait mal à voir. Ecoutez parler un jeune débauché, vous serez étonné des incohérences et des absurdités qui peuvent se loger dans une cervelle humaine ; c'est à se demander si sa raison n'est pas renversée.

Ce qui est vrai pour les vérités d'ordre naturel, l'est encore davantage pour celles d'ordre surnaturel. Comment, en effet, expliquer que tant de jeunes gens renient cette foi, ces principes que leur âme vierge d'enfant accueillait avec amour ? Sans doute, pour justifier cette volte-face, ils invoquent des raisons d'ordre philosophique et scientifique, leur esprit devenu plus fort a pu enfin secouer les langes dans lesquels on voulait le tenir emmailloté ; mais qui serait assez naïf pour croire sur parole ces soi-disant incrédules ? Le nuage qui

---

(1) Cf. R. P. JANVIER. — *Conférences de N.-D. de Paris* 1905. *Les Passions*, 4e Conf.

a obscurci leur intelligence, s'est élevé des orages du cœur. Leur dédain et leur haine pour la vérité n'ont-ils pas commencé le jour où le vautour infâme de la volupté s'est abattu sur eux !

Regardez la plupart des jeunes gens de nos jours. Eux qui pouvaient être si grands, si admirablement beaux, si pleins de promesses et d'espérances pour ceux qui attendaient en eux l'efflorescence des dons de Dieu. « Ils avaient senti s'allumer en eux le feu de l'inspiration et du génie, et leurs voiles, que l'enthousiasme enflait, les emportaient tout droit vers l'idéal. L'existence s'annonçait pleine de victoires lumineuses et de satisfactions pures. » Tout à coup, la scène change. Regardez-les, ils se traînent languissants dans la vulgarité et le terre à terre, incapables de se dévouer aux saintes entreprises de l'apostolat et de se donner pleinement à leurs études. Si vous voulez connaître la raison de cet engourdissement, de cet effondrement de toutes les facultés, de cette vie misérable et sans honneur, descendez au fond de leurs âmes et vous constaterez qu'ils ont gaspillé dans de honteuses débauches les forces que la main du Créateur y avait si libéralement déposées.

Pauvre intelligence, elle, qui comme l'aigle, auquel il faut le soleil à fixer, les orages à combattre, l'immensité du ciel à parcourir, a besoin des champs sans limites de la vérité, des luttes formidables de l'esprit, du soleil éternel que son regard puisse contempler et dans les splendeurs duquel elle poursuive à jamais son vol, la voilà couchée à terre, enchaînée dans les ombres d'une chair troublée ; l'impureté lui a coupé les ailes. Elle qui était faite pour planer, pour respirer l'air pur et vif des sommets, elle se traîne dans la poussière et la fange. Cette fille du ciel, à qui Dieu avait donné tout commandement sur la matière, s'est laissée séduire, et elle est devenue, en quelque sorte, chair elle-même. Quelle épouvantable déchéance !

Vous avez lu, dans l'*Enfer* du Dante, l'horrible métamorphose du damné changé en serpent. N'est-ce pas, quelque chose de semblable qui se passe chez le voluptueux.

« Le serpent s'élança sur le malheureux, dit le poète, et l'enlaça tout entier. Jamais le lierre ne se noua aussi fortement à l'arbre que l'horrible bête ne s'enroula au corps du damné. Le serpent et lui se fondirent comme s'ils eussent été une cire chaude, et mêlèrent leurs couleurs ; et ni l'un ni l'autre ne paraissait plus ce qu'il était auparavant... Et les compagnons de la victime regardaient et s'écriaient : « *Hélas ! Agnel, comme tu changes ! Voilà que tu n'es plus ni un ni deux !* » Déjà les deux têtes n'en formaient plus qu'une et nous ne pouvions voir les traits confondus dans une seule figure où deux êtres étaient perdus, et l'image étrange s'en allait à pas lents... L'âme était devenue serpent, et son hideux compagnon lui disait : « Je veux que tu rampes comme moi par ce sentier ! » (1).

Regardez-les, ces jeunes gens ; leur visage, miroir de leur âme, est marqué, comme au fer rouge, des stigmates du vice. « N'avez-vous pas rencontré, dit le Père Lacordaire, de ces hommes qui, à la fleur de l'âge, à peine honorés des signes de la virilité, portent déjà les flétrissures du temps ; qui, dégénérés avant d'avoir atteint la naissance totale de l'être, le front chargé de rides précoces, les yeux vagues et caves, les

(1) *L'Enfer.* — Chant XXV.

lèvres impuissantes à peindre la bonté, traînent sous un ciel tout jeune une existence caduque ? Qui a fait ces cadavres ? Qui a touché cet enfant ? Qui lui a ôté la fraîcheur de ses années ? Qui a mis sur sa face des siècles honteux ? N'est-ce pas ce sens ennemi de la vie des hommes ? Victime de la dépravation, le malheureux a vécu solitaire ; il n'a aspiré qu'à des secousses égoistes ; qu'à ces effroyables pulsations que l'homme et le ciel se détournent pour ne pas voir ; et le voilà ! il s'en va, pris du vin de la mort, et, d'un pied méprisé, porter son corps au tombeau, où ses vices dormiront avec lui et déshonoreront sa cendre jusqu'au dernier des jours » (1).

Pour aller à la conquête de la vérité, il faut non seulement une âme lumineuse, mais une âme libre.

La science, en effet, exige de ceux qui veulent lui arracher le moindre de ses secrets, qu'ils lui consacrent tout leur temps, toute leur attention, toutes leurs forces. Elle réclame la somme totale de toutes les énergies intellectuelles. Donnez-lui peu, elle vous donnera peu et même rien.

Or, celui qui se livre aux plaisirs des sens, dispose-t-il du temps nécessaire pour acquérir la science ? Non, la volupté est un tyran cruel et insatiable qui réclame toujours de nouvelles satisfactions et ne laisse pas un instant de repos à sa victime.

Sera-t-il capable d'un peu d'attention? Hélas ! Toutes les puissances sensibles et intellectuelles du voluptueux sont obsédées par l'objet de sa convoitise. Ceux que cette passion asservit ne peuvent penser à autre chose. Les images grossières, les fantômes obscènes les suivent partout. Le jour, ils en

---

(2) *Conférences de N.-D. de Paris*, année 1844, 22e Conférence.

repaissent leurs sens, la nuit leur souvenir vient troubler leur sommeil.

Pourra-t-il, au moins, à l'occasion, faire quelque effort intellectuel ? Pas davantage,car la volupté attente à la vitalité même des organes de l'esprit. « Si prodigue que Dieu ait été à notre endroit, il a pourtant compté les flots de notre être et de notre activité. Toutes nos facultés ont leur racine commune dans l'âme, et quand une puissance absorbe à son profit une trop grande part de vie, quand, par l'intensité continue et excessive de son action. elle consomme trop de force, l'âme n'est plus assez riche pour communiquer aux autres puissances l'abondance d'énergie dont elles auraient besoin pour entrer en plein exercice. Et c'est pourquoi quiconque veut pousser les activités inférieures, est obligé de modérer les activités supérieures, et réciproquement.

Mais, dans la jouissance, l'imagination et les sens se livrent à un effort exaspéré pour prendre une possession plus absolue et plus complète de l'objet qui doit les griser. Cet effort épuise l'âme, si je puis ainsi m'exprimer. L'âme tout entière, passée dans les sens, n'a plus d'aliment pour promouvoir et entretenir avec vigueur l'action de l'intelligence. Celle-ci perd sa pénétration, s'étiole chaque jour davantage et finit par tomber dans une sorte de paralysie qui ressemble à de l'imbécilité » (1).

« L'intelligence a besoin, pour grandir, du calme de la chair, de l'équilibre heureux de ses fonctions, de la fraîcheur du sang, de la vibration nette et puissante des nerfs. L'homme

---

(1) R. P. Janvier. — *Conférences de N.-D.* 1903. — *Retraite pascale*, page 232.

est esprit sans doute ; mais l'esprit sans la chair ne peut rien, non plus qu'Apollon lui-même sans sa lyre. L'intelligence est chef d'orchestre ; elle a besoin de toutes les voix de la matière, de toute l'attention et de toute la souplesse de ces doigts de fée qui parcourent incessamment le clavier du cerveau, reliant entre elles les harmonies éparses, les notes vives, mais sans lien, que l'univers, en faisant irruption en nous par les sens, fait entendre ; et l'harmonie d'ensemble n'existe que par la coordination de toutes ces ressources, par le concours de toutes ces puissances sonores, dont le génie de l'homme est l'écho.

Introduisez, dans ce temple de l'art, la bête immonde et destructrice ; affaiblissez la chair, empoisonnez le sang, secouez les nerfs avec une violence désordonnée et spasmodique ; faites se ruer dans le cerveau des images grossières qui vont en expulser toutes les délicates impressions dont la pensée se nourrit, que voulez-vous qu'il reste de cette opération divinement tranquille, même en ses agitations apparentes, qui s'appelle le génie ? Avec l'amour du travail qui s'en va, c'est l'aptitude au travail qui décline ; c'est l'impuissance sénile, même dans la jeunesse » (1).

Un jour, un jeune homme, plein d'enthousiasme, alla frapper à la porte d'un des plus illustres savants du siècle dernier, le baron Cauchy. Il venait lui demander des conseils pour devenir rapidement savant. *Vous voulez devenir savant,* lui dit avec bonté le célèbre mathématicien qui était aussi un grand chrétien, *eh bien, mon ami, avant tout, soyez chaste.*

Jeunes gens, soyez chastes, aimez et pratiquez cette vertu,

---

1) R. P. SERTILLANGES. — *Nos vrais ennemis*, page 223.

qui vous rendra merveilleusement propres à l'acte le plus sublime de l'esprit, la contemplation, parce que d'après saint Thomas, la pureté vous détachera des choses sensibles, des tyrannies d'en bas, et dans la même mesure, elle rendra le regard intérieur de votre intelligence plus perçant, plus limpide, plus lumineux et vous permettra de vous livrer dans la paix et le recueillement à ce travail fécond, d'où sort toute science véritable (1).

Peut-être m'objecterez-vous, et saint Thomas s'est posé lui-même l'objection, que dans la suite des siècles, il s'est trouvé des hommes qui ont allié à de profondes débauches un grand génie. C'est vrai. Mais ce génie, dit notre saint docteur, était un reste de la vigueur reçue de la nature, un signe des hauteurs où ils seraient montés si leurs forces ne s'étaient épuisées dans les jouissances matérielles. Combien d'artistes ont abandonné l'idéal véritable et s'en sont allés prostituer leur art dans un réalisme brutal et grossier, parce qu'ils n'ont pas su garder leur cœur contre les morsures de la volupté.

Puis-je terminer ce chapitre, sans citer l'exemple de celui que le Pape Léon XIII a donné comme patron à la jeunesse des écoles, saint Thomas d'Aquin ?

Sans doute, Dieu qui prédestinait Thomas d'Aquin à être une des lumières de son Eglise l'avait doué, ainsi que le remarque un de ses panégyristes, d'une complexion sensible et délicate qui se prêtait admirablement aux méditations intellectuelles, d'une mémoire qui recevait tout et ne perdait rien, d'une imagination qui saisissait et classait avec un art

---

(1) St Thomas. — *Sum. Theol.* Ia IIae q. 15, art. 3.

exquis les couleurs fugitives des choses, d'une intelligence qui sondait d'un regard tous les abîmes de l'être, d'un cœur qui s'ouvrait largement à tous les charmes et à tous les enthousiasmes. Mais, que seraient devenus tous ces dons si le vice était venu exercer ses ravages dans cette âme d'élite ? Qu'auraient-ils produit ? rien. Qui parlerait aujourd'hui du descendant des comtes d'Aquin ? Personne. Rien n'aurait été changé dans le monde ; il n'y aurait eu sur la terre qu'un déraciné de plus, je ne sais quel être inutile, épuisé de corps et d'esprit, oublié dès le lendemain d'une mort sans honneur.

Mais Dieu avait mis dans son cœur, dès sa plus tendre enfance, un grand amour de la pureté ; et avec le secours d'En-Haut, même au milieu des plus violentes tentations, cet ange de la terre sut se garder contre les éclaboussures de la boue et garder son âme blanche. C'est la pureté qui a rendu limpide le regard de son esprit et lui a permis de découvrir la vérité, de pénétrer dans les mystères de la divinité jusqu'à des profondeurs troublantes, c'est la pureté qui comme un souffle embaumé descendant des cimes immaculées de son intelligence jusque dans sa nature sensible, spiritualisait en quelque sorte son corps pour en faire un instrument docile et le rendait libre de se livrer tout entier aux travaux de l'esprit.

XVI

L'Ange gardien de la Jeunesse

Il y a dans *les Luisiades*, le poème de Camoëns, une fiction grandiose, l'apparition d'Adamastor à Vasco de Gama.

L'intrépide Vasco de Gama s'en va à la découverte des Indes. Longtemps sa petite flottille avait vogué sur une mer paisible. Il approchait du cap des Tourmentes. La nuit était calme. Au ciel les étoiles brillaient d'une vive lumière. Dans les eaux endormies, les vaisseaux creusaient leur profond sillon d'écume blanche. Tout à coup de sombres nuages montent à l'horizon. Les flots s'agitent et avec fracas viennent se briser contre les navires. L'équipage est dans la consternation. Un spectre immense se dresse devant Gama.

« Son attitude est menaçante, son air farouche, son teint livide, sa barbe épaisse et fangeuse, ses yeux étincelants. Sa voix formidable semble sortir des gouffres de la mer.

« Audacieux, dit-il, vous osez pénétrer dans ces mers dont je suis l'éternel gardien. Vous ne passerez pas. Je vais déchaîner l'ouragan. »

— « Qui es-tu, monstre ? » lui demanda Gama.

— « Je suis le Génie des Tempêtes et je garde ce vaste promontoir. »

Et pendant qu'il parle, la mer remuée dans ses dernières profondeurs pousse de longs et sinistres hurlements.

Mais Vasco de Gama ne s'effraie pas. Il lève ses mains vers le Ciel ; il invoque les chœurs sacrés des anges qui lui ont servi de guides, jusque dans ces régions lointaines ; il supplie le Tout-Puissant de détourner les malheurs annoncés par Adamastor.

Dieu l'entend, la nuit se dissipe, les vents se taisent. La flotte achève de doubler le cap redoutable et vogue triomphante sur les mers orientales.

Cette fiction est une saisissante image de la Jeunesse, de cet âge critique, où les instincts mauvais s'éveillent, où les passions grondent terribles et impérieuses, où tout attire au mal.

Qu'est-ce qui permettra à ces jeunes âmes de doubler heureusement ce cap redoutable ? Sans doute une volonté énergique, fortifiée par la grâce de Dieu, sans laquelle nos efforts restent vains, et ce moyen nous ne saurions trop le recommander ; mais il en est un autre très efficace, lui aussi, **c'est le travail, véritable ange gardien de la Jeunesse.**

Tous nous portons en nous, par suite de la blessure originelle, les germes du vice, et ces germes ne demandent qu'à se développer. Laissez-leur un peu de liberté, et leur germination se fera rapide, effrayante. Ils auront bien vite tout envahi et mis leur empreinte hideuse sur votre cœur, votre intelligence comme sur votre corps.

Les âmes où le vice se développe mieux sont les âmes

oisives. Elles ressemblent à une place publique, au libre accès, où toutes les pensées déshonnêtes, tous les désirs coupables se donnent rendez-vous. Elles sont à la merci des tentations du dehors comme des excitations mauvaises du dedans. Sans cesse, le souvenir du mal passé où la perspective du mal possible les assiège; leurs sens, dans une perpétuelle excitation, exigent des satisfactions toujours plus violentes et plus brutales. Sans force de résistance. l'oisif se livre à la volupté, croyant trouver dans ces jouissances d'un instant un remède à l'ennui qui le dévore et lui rend la vie pesante. Un jeune homme a besoin de plaisir et d'activité, et s'il ne les demande pas au travail, aux distractions saines, il est fatal qu'il ira les demander aux habitudes vicieuses et à la débauche. Saint Bernard, faisant écho à la Sainte Ecriture qui appelle l'oisiveté la mère de tous les vices, nous dit qu'elle est l'égout de toutes les tentations, de toutes les pensées mauvaises et inutiles, la marâtre des vertus, la mort de l'âme, la sépulture d'un homme vivant, le réceptacle de tous les maux.

Oisiveté appelle volupté. — C'est une règle générale qui souffre bien peu d'exceptions. Je n'ai jamais trouvé de jeunes gens, même chrétiens, conservant la pureté et l'intégrité de leurs mœurs, sans le travail ; tandis que parfois, j'en ai rencontré d'autres qui, privés d'une éducation religieuse avaient pu, dans des milieux honnêtes, se conserver purs.

Qu'est-ce qui les avait ainsi préservés : le travail, un travail intense, absorbant, tenant continuellement en haleine toutes leurs facultés.

Les travailleurs n'ont pas le temps de faire le mal, et c'est déjà beaucoup. Tout chez eux est employé, imagination, sensibilité, mémoire ; la moindre pensée mauvaise ne peut y trouver place. De plus, conduits par l'étude sur ces sommets élevés où ils respirent un air pur et vivifiant, et où, ravis, ils ont entrevu quelque chose de la beauté de l'idéal, ils ne consentiront jamais à en redescendre pour chercher dans des jouissances sensibles un plaisir fugitif qui les flétrirait et les dégraderait. A fréquenter la Vérité, ils ont trop pris conscience de leur dignité, ils sont devenus trop fiers pour se ravaler ainsi au rang de la brute.

« Le travail de la pensée, comme le travail du corps, produit ce résultat (la mortification des sens), et c'est pour cela que Dieu nous l'a imposé. Les habitants des campagnes, grâce à leurs rudes travaux, vivent facilement dans la pureté des mœurs et la paix de l'innocence. Ceux qui se livrent aux travaux de l'esprit arrivent encore plus facilement à cette fin. Comme l'âme est unie au corps par des liens étroits, le cerveau s'amplifie et s'épanouit au détriment des autres organes, qui en sont comme amoindris et comme frappés d'inanition. De là vient que les adolescents à qui on a inspiré de bonne heure le goût de l'étude, le culte du vrai, du beau et du bien, l'amour des lettres et de la philosophie, se voient préservés des plus grandes illusions de la jeunesse, et conservent des mœurs pures au milieu d'un siècle corrompu. Ils croissent comme des lis... Le lis, qui est resté dans la tradition profane et chrétienne, le symbole de la pureté de la jeunesse, a une tige toute grêle. Dès que sa fleur est éclose, sa légère enveloppe inférieure se développe sous les rayons du soleil ; bientôt il ne reste plus que sa corolle blanche et forte qui embaume l'air de son parfum. A mesure qu'il s'épanouit, il attire toute la sève à sa tête, et sa tige est desséchée depuis longtemps quand sa fleur se penche vers la terre, emblème gracieux et expressif de la beauté des jeunes gens et des hommes mûrs qui, nourris par l'étude et la vertu, élèvent leur tête vers le ciel et charment leur vie par le spectacle de l'infini. »

C'est sa propre histoire que le Père Lacordaire nous raconte dans ces lignes. Entré jeune encore au lycée de Dijon, dans ce milieu athée et imbu des idées voltairiennes du siècle de la révolution francaise, il y perdit la foi de sa mère. Mais il y rencontra un maître dévoué qui lui fit aimer l'étude, lui inspirant le goût des lettres, dont il alluma en lui l'enthousiasme sacré. « Ami des lettres, dit de lui le Père Lacordaire dans *ses Mémoires*, il cherchait à m'en inspirer le goût ; homme de droiture et d'honneur, il travaillait à me rendre doux, chaste, sincère et généreux, et à dompter l'effervescence d'une nature peu docile. La religion lui était étrangère : il n'en parlait jamais, et je gardais le même silence à son égard. Si ce don précieux ne lui eût pas fait défaut, il eût été pour moi le conservateur de mon âme, comme il fut le bon génie de mon intelligence... Il me laissa suivre la pente qui emportait mes condisciples loin de toute foi religieuse ; mais il me retint sur les sommets élevés de la littérature et de l'honneur, où lui-même avait assis sa vie » (1). C'est cette noble passion pour les belles-lettres qui sauva Henri Lacordaire, sinon du naufrage de la foi, du moins du naufrage des mœurs.

Tout travail produit-il ce bienfaisant effet de préservation? « Il ne suffit pas d'avoir l'esprit occupé pour résister aux

---

(1) *Vie du Père Lacordaire* par le R.P. CHOCARNE, T. 1, pages 13 et 14.

passions sensuelles, il faut que cette occupation apporte avec elle le plaisir, la joie du travail fécond. Le travail dispersé, l'attention éparpillée sur trop d'objets, n'entraînant avec soi nulle joie, mais bien au contraire produisant une irritation un mécontentement de soi très manifeste, est presque aussi propice au déchaînement des passions que l'oisiveté même. Seul, le travail méthodique, ordonné, apporte à la pensée un puissant intérêt, un intérêt continu et durable. Il apporte la joie qu'éprouvent les touristes à sentir leur propre énergie et à voir la sommité se rapprocher d'instant en instant : seul aussi il oppose à l'envahissement de la pensée par les suggestions sexuelles une digue de granit » (1).

Il y a donc des joies dans le travail ?

Parler des joies du travail peut paraître bien paradoxal, à certains qui n'ont vu dans l'étude que labeur et souffrance.

Je ne nierai pas que le travail apporte avec lui une certaine peine. Dieu l'a voulu ainsi puisqu'il en a fait une loi d'expiation, à laquelle personne, au dire de l'apôtre, ne peut se soustraire. C'est « le flux et le reflux qui mêlent sans cesse au sang de l'homme le sel indispensable de la douleur. » Tous nous savons qu'il répare le mal du corps où la concupiscence est toujours prête à s'éveiller, par l'affliction ; le mal de l'esprit, qui au lieu de se porter vers la vérité ne recherche que les choses sensibles, par l'application ; le mal du cœur enfin qui recherche son bien dans les joies futiles, rêveuses et malsaines, par la privation.

« Mais si l'amertume se trouve sur le bord de la coupe où

(1) PAYOT. — *Education de la Volonté*, page 216.

vous buvez chaque jour, elle n'en est pas moins au fond une coupe pleine d'une délicieuse ivresse, *calix inebrians.* C'est en elle-même que l'étude trouve de quoi se payer elle-même ; c'est dans son propre fond qu'elle trouve ce sentiment de satisfaction ineffable, que saint Augustin appelle *Gaudium de Veritate.* et dont il fait une béatitude des cieux » (1).

La première joie que l'on trouve dans le travail et surtout dans le travail intellectuel, c'est celle *de se sentir vivre.*

Une vie vraiment occupée, avec un but toujours devant les yeux, avec lequel on s'identifie en quelque sorte, nous paraît plus pleine ; on en sent véritablement toute la réalité; rien n'y est sacrifié au néant. Les jours où nous avons beaucoup travaillé, il semble que nous ayons davantage vécu. De plus, dans l'effort même que demande le travail, à la condition cependant qu'il ne dépasse pas nos forces, nous trouvons de la joie ; c'est là un fait constant en psychologie.

N'est-ce pas Aristote qui disait que le plaisir se trouve dans l'activité qui se déploie complètement, *qu'il achève l'acte et le complète.*

Absorbé par son travail, l'homme d'études échappe au misérable servage de pensées futiles, de désirs vains qui font de l'inoccupé un hochet que ballottent les moindres circonstances extérieures. « L'oisiveté absolue est rare et, comme dit le proverbe : « *le diable s'ingénie à trouver de l'ouvrage pour ceux qui n'en ont pas.* » Lorsque l'esprit n'a point d'occupations élevées, il ne tarde pas à être envahi par des préoccupations mesquines. Qui ne fait rien a du temps pour mâcher et remâcher ses menues contrariétés. Cette rumina-

(1) Mgr BAUNARD. — *Collège Chrétien.* Tome I, page 215.

tion loin de nourrir l'esprit, le ruine. La force des sentiments non canalisée, ne pouvant se déverser, pour les fertiliser, dans les hautes régions de notre nature, se répand dans les bas-fonds de l'animalité et s'y corrompt. Les imperceptibles blessures de l'amour-propre s'exacerbent, les contrariétés inévitables de la vie empoisonnent les journées, troublent le sommeil. Vu de près, il n'est guère enviable, le repos du grand seigneur ! Les plaisirs eux-mêmes y deviennent des corvées, ils perdent toute saveur, tout mordant, parce que pour l'homme le plaisir est inséparable de l'activité » (1).

Quelle différence entre l'oisif et le travailleur ? Tandis que l'oisif, chaque jour, s'alourdit, s'abêtit et s'ennuie davantage, le travailleur, au contraire, sent ses facultés se développer, son trésor de connaissances s'accroître, son autorité augmenter. Et la vieillesse elle-même, si pesante à certains, « en éloignant peu à peu tous les plaisirs des sens, en donnant aux satisfactions purement égoïstes les plus rudes démentis, multiplie, pour ceux qu'a enrichis une large culture humaine, les joies de la vie. Aucune des sources de bonheur véritable ne peut tarir avec le progrès des années, Ni l'intérêt que l'on prend à la science, aux belles-lettres, à la nature, à l'humanité, ne diminuent. »

Le travail intellectuel réserve à ceux qui s'y livrent avec toute l'ardeur de leur âme des joies plus intimes encore. L'étudiant, le savant éprouvent le même tressaillement de bonheur à découvrir une parcelle de vérité ou la solution d'un problème que le navigateur qui, après avoir été longtemps ballotté par les flots, voit enfin se dessiner à l'horizon

(1) PAYOT. — *Education de la volonté*, page 244.

la ligne bleuâtre des côtes où il doit aborder. Le « *terre terre !* » de Colomb apercevant les rivages du Nouveau-Monde, et « *l'Eurêka* » d'Archimède découvrant la loi de la pesanteur spécifique des corps ont jailli du cœur aux lèvres sous la poussée du même sentiment. Ce sentiment-là ne l'avons-nous pas éprouvé nous-mêmes. Depuis longtemps peut-être nous cherchions, par exemple, la mise au point d'un discours. A chaque nouvel effort, dans notre esprit obsédé, l'obscurité se faisait plus épaisse ; déjà nous sentions venir le découragement. Tout à coup la lumière s'est faite, et nous avons alors goûté un instant de vrai bonheur, qui nous dédommageait amplement de toutes nos peines.

A certaines heures d'épreuves, le travail est aussi notre plus douce consolation. Quand notre cœur souffre de cruelles blessures, quand la compagnie de nos semblables chez qui souvent nous ne trouvons ni élévation de l'esprit, ni délicatesse des sentiments, nous est à charge, au lieu de nous aigrir davantage en restant au milieu d'eux, retirons-nous dans la solitude de notre cabinet de travail, avec nos amis, les livres ; ouvrons un de ces ouvrages que nous aimons et qui plusieurs fois nous ont fait du bien ; relisons-en les plus beaux passages, nous oublierons nos douleurs. Comme une bienfaisante rosée, le calme et la paix descendront dans notre âme et nous retournerons au milieu des hommes meilleurs et tout transformés. « Louis XVI, enfermé au Temple, se consolait par la lecture des saints Livres, de l'immensité de son infortune et de la grandeur de sa chûte ; et les douces paroles que lui disaient tout bas ces amis de sa solitude, l'aidaient à pardonner les paroles outrageantes que faisaient retentir, jusqu'au fond de sa prison, des tyrans de bas étage. Marie Stuart, elle aussi, se consolait par la lecture des persécutions d'une rivale cruelle ; dix-huit ans captive, elle adoucit ses douleurs par sa conversation intime avec ces suprêmes amis de sa captivité. »

« Le commerce des livres, disait Montaigne, cotoye tout mon cours et m'assiste partout ; il me console en la vieillesse et en la solitude ; il me décharge du poids d'une oisiveté ennuyeuse ; il me défait à toute heure des compagnies qui me fâchent ; il émousse les pointures de la douleur si elle n'est du tout extrême et maîtresse. Pour me distraire d'une imagination importune, il n'est que de recourir aux livres : ils me détournent facilement à eux et me la dérobent... C'est la meilleure munition que j'ai trouvée à cet humain voyage. »

Qui ne connaît l'histoire de ce fils d'un boulanger de Nancy, le général Drouot. Encore enfant, il se lève dès deux heures du matin pour étudier sa leçon à la lueur de la seule et mauvaise lampe qui éclaire le travail domestique. « Et lorsque la lampe infidèle, éteinte avant le jour, vient à manquer à son ardeur, alors il s'approche du four enflammé, et il continue à ce rude soleil la lecture de Tite-Live et de César » (1). Ce studieux jeune homme va forcer par son savoir les portes de l'école polytechnique. il va devenir général, il dirigera l'artillerie sur tous les champs de bataille du premier empire, il consolera, à l'île d'Elbe, l'exil de son souverain vaincu, il tirera à Waterloo le dernier coup de canon de la France impériale, et laissera après lui plus que le renom d'un héros, le nom du saint de la grande armée, comme l'empereur l'appelait.

(1) R. P. Lacordaire. — *Oraison funèbre du général Drouot.*

Cet amour de l'étude qui avait fait l'ardente passion de son enfance, fit la consolation suprême de sa vieillesse.

« L'amour des lettres ! s'écriait le Père Lacordaire dans *son oraison funèbre* du général. Oh ! il faut que je surprenne par là quelqu'un de mes auditeurs ! Sommes-nous si loin déjà du temps où la culture des lettres pour elles-mêmes était la passion distinctive de toutes les natures noblement trempées ? Le nombre va-t-il diminuant des esprits délicats et sérieux pour qui les lettres sont autre chose qu'une noble réminiscence de la jeunesse ou un vulgaire métier ? Je n'ose le croire, Messieurs... Quant au général Drouot, il avait cet antique amour des lettres humaines. Un chef-d'œuvre était pour lui un être vivant avec lequel il conversait, un ami du soir qu'on admet aux plus familiers épanchements. Penser en lisant un vrai livre, le prendre, le poser sur la table, s'enivrer de son parfum, c'était pour lui, comme pour toutes les âmes initiées aux jouissances de cet ordre, une naïve et pure volupté, Le temps coule dans ces charmants entretiens de la pensée avec une pensée supérieure ; les larmes viennent aux yeux ; on en remercie le bon Dieu qui a été assez puissant et assez bon pour donner aux rapides effusions de l'esprit la durée de l'airain et la vie de la vérité. Ne vous demandez plus ce qui animait la solitude du vétéran de la grande armée. Tandis que nous vivions dans le présent, il vivait dans tous les siècles ; tandis que nous vivions dans la région des intérêts, il vivait dans la sphère du beau. Vie rare et excellente, parce que le goût n'y suffit pas, mais qu'il faut le cœur et la vertu. »

XVII

Dieu et les âmes

« Malheur, disait Bossuet, à la science stérile qui ne se tourne pas à aimer. » On peut donc détourner la science de son but ? Hélas ! oui, comme on peut abuser de toutes choses, même des meilleures. La lumière est bonne, et cependant, les papillons périssent en la cherchant ; de même quelquefois l'homme trouve la mort dans la science. Combien d'hommes aujourd'hui qui ne voient dans l'étude et le savoir que des moyens de mieux combattre Dieu, de le supprimer, s'ils le pouvaient. On la rencontre, cette pauvre science, écrivait spirituellement Joseph de Maistre, « sous l'habit étriqué du Nord... les bras chargés de livres et d'instruments, pâle de veilles et de travaux, se traînant soulliée d'encre et toute pantelante sur la route de la vérité, baissant toujours vers la terre son front sillonné d'algèbre. »

Au lieu d'élever l'homme, de le faire monter chaque jour davantage vers le ciel, cette science orgueilleuse dessèche le cœur, déflore l'âme et éteint en elle tout ce qui doit faire sa vie ici-bas : la flamme sacrée de l'idéal. « Toute seule, réduite à sa tâche mécanique et à son objet borné, la science risque de rétrécir et de fausser l'esprit, qu'elle enfle sur un point pour la dessécher sur les autres. Enfermé dans des chiffres et des formes, l'homme s'y asphyxie, jusqu'à perdre le sens de la vie et la notion du réel. »

« Nous vivons pour aimer. Tant que la science stimule ou approfondit en nous ce pouvoir, elle est utile ; du jour où elle le contrarie, elle est fatale» (1).

Est-ce pour faire de vous des dénicheurs de traditions, des démolisseurs de bon Dieu ou des crétins scientifiques, que l'on vous convie avec tant d'insistance au travail ? S'il en devait être ainsi pour quelques-uns des jeunes de ma génération, comme on en voit trop dans celle qui nous a précédés, mieux vaudrait pour eux n'avoir jamais quitté les champs de leurs pères et n'avoir jamais ouvert un livre.

Le but suprême de toutes vos études, religieuses ou autres, c'est de trouver Dieu. Elles doivent vous servir de marche-pied pour vous élever jusqu'à Lui. Et cet être divin qui vous apparaîtra dans un resplendissement plus lumineux, à mesure que vous approfondirez les mystères de la nature ou les lois de la philosophie et de l'art, vous devrez l'incarner dans votre verbe, à vous, afin de le donner à vos frères. La mission du savant, de l'homme instruit, est grande, noble ; c'est une sorte de sacerdoce. Puissiez-vous y être fidèles, toujours.

Rester fidèle toute sa vie à cet idéal divin, alors que tant de nuages passent et repassent dans notre ciel pour l'obscurcir et le voiler, c'est difficile.

(1) Robert DE LA SIZERANNE. — *Ruskin et la religion de la beauté.*

Étudier pour Dieu, mais c'est une folie, crie-t-on de toutes parts en notre siècle de mercantilisme. Mener rapidement à la fortune, voilà le but du savoir. On a fait de la science, comme de toutes choses, une question de gros sous. Et cette fille du ciel qu'on courtisait si fort autrefois pour son unique beauté, on la met aujourd'hui à l'enchère. Comptez, si vous le pouvez, le nombre des écrivains et des artistes qui, pour quelques écus d'or, vendent leur plume et leur talent. Ils pourraient écrire de belles pages, capables d'élever les âmes, et ils en noircissent d'abominables, parce que, en moralisant, on meurt de faim, tandis qu'en faisant le métier de corrupteur, on roule carrosse. On a grand tort, à mon sens, de prendre ces gens-là au sérieux, quand pour s'excuser ils vous parlent de l'art pour l'art. A quoi bon les réfuter. Il n'y a qu'un mot à leur répondre. Vous parlez de l'art pour l'art ; dites donc l'art pour l'argent, et tout le monde vous comprendra.

Que par vos études vous cherchiez le moyen d'entrer dans une carrière honorable, et même, si vous le pouvez, lucrative, la chose est toute naturelle, et je ne saurais vous en blâmer. Mais ne perdez pas de vue que ce but matériel n'est que secondaire. Si vous ne pouvez vivre dans ce métier en restant fidèle à vos principes, abandonnez la plume pour la pioche ou le rabot, le bureau de rédaction pour l'atelier. Mieux vaut rester honnête et libre, en vivant dans une cabane et en peinant rudement derrière une charrue, que de se dégrader et devenir esclave, en menant large et joyeuse existence, dans un palais, élevé sur des ruines morales. Le châtiment des tueurs d'âmes, des assassins de consciences sera terrible un jour. Pensez-y.

L'amour du gain ne vous détournera pas, j'en suis sûr,

de ce but divin du travail ; prenez garde que la vanité ne fasse ce que l'argent n'aura pu faire. Elle est si subtile cette vanité dans nos jeunes âmes ! Pour se faire accepter, elle s'affuble des livrées de la gloire et, ainsi déguisée, elle a ses entrées, partout, même chez ceux qui font profession de mépriser les gloires d'ici-bas pour ne rechercher que celles d'En-Haut. « Je me ferai ma place à ce soleil de la renommée, se disent-ils à eux-mêmes. Je veux qu'on parle de moi et je serai quelqu'un. Ici, au collège, je primerai entre mes condisciples ; plus tard je brillerai aux universités ; dans le monde, on dira de moi que je suis un homme distingué, supérieur même ; j'aurai un nom parmi mes contemporains, et s'il faut l'acheter aujourd'hui par le travail acharné de l'étude, j'étudierai, je travaillerai et je m'acharnerai. Ah ! sans doute, c'est un noble désir que celui de l'honneur, et il est une émulation louable que je vous souhaite. Mais cette petite satisfaction de soi-même et de sa petite science ; cette infatuation de son propre mérite et de ses succès d'école; cette prétention pédantesque au savoir, et ce dédain des autres qui est une conséquence du contentement de soi-même ; cette ostentation de ses connaissances en tout genre, et ces airs de suffisance qui bravent toute correction et observation ; cette affèterie de paroles et cette arrogance de maintien qui semblent se donner en spectacle à l'admiration ; cet attachement obstiné à son sens propre et à sa manière de voir ; ce dénigrement de la science d'autrui au bénéfice de la gloire de son savoir personnel ; cette intempérance à se mettre toujours en avant, en effacant tout le monde (1)... comment cela se nomme-t-il ? Tout simplement de la vanité.

(1) Mgr. BAUDRARD. — *Collège chrétien*, Tome I, page 233.

7

Où est Dieu dans ce travail ? Nulle part ; il n'y a pas de place pour Lui. Notre petite personnalité est le centre autour duquel tout rayonne. S'il arrive, par hasard, que nous recherchions Dieu, ce n'est pas pour lui, c'est pour nous ; il peut nous être utile à quelque chose. Souvent, quand nous nous occupons de Dieu, ce n'est pas pour le servir, mais pour nous en servir.

On rencontre d'autres jeunes gens qui étudient uniquement pour le plaisir d'étudier. Ce sont des dilettantes qui ne recherchent dans leur lecture, dans leurs travaux que de douces satisfactions. Et vous les voyez parfois, dans leurs moments de loisir, s'occuper scientifiquement de collections de timbres-poste, d'ex-libris, que sais-je encore ; est-ce que la manie de la collection n'a pas tout envahi ! Ils pourraient rendre service à la science, aux lettres et par là être utiles à leurs concitoyens, ils ne le veulent pas. Ils se renferment dans leur solitude et laissent le monde s'agiter autour d'eux et les âmes se perdre. Cela leur importe peu ; ils sont heureux, les autres ont bien le droit d'être malheureux. Ils ne demandent qu'une chose, c'est qu'on ne les dérange pas.

Dans vos études, souvenez-vous toujours du jeune homme de la légende de Longfellow, et comme lui, à toutes ces voix de la terre qui vous crient de vous arrêter, vous répondrez : *Excelsior !* c'est plus haut que je monte, c'est à Dieu que je vais.

Ce Dieu, principe premier comme raison dernière de toutes choses, poursuivez-le à travers les productions de l'intelligence, au milieu des beautés de l'art et de la nature. Que toutes les opérations de votre esprit soient autant de pas accomplis dans cette sainte recherche. Alors, les yeux fixés sur Dieu, centre où tout doit converger, vous n'aurez rien à craindre ni de l'orgueil, ni de l'égoïsme, ni de l'amour du gain ; car, lorsque Dieu entre dans une âme, c'est l'humilité, le désintéressement et la passion de se donner qui y entrent après lui.

Dieu et les âmes, voilà le but de notre travail. Pour atteindre une fin surnaturelle, il faut des moyens surnaturels, c'est de toute évidence. Et c'est pourquoi si l'étude demande de l'application, de la persévérance, du calme, comme nous l'avons dit, elle réclame aussi, pour être féconde, la rosée de la prière. Autrement, c'est comme un vent brûlant qui souffle sur l'âme et la dessèche.

Combien ils sont rares les jeunes gens qui pensent à mettre Dieu dans leurs études. On se souvient de Lui, au moment des examens. On voit alors les étudiants, envahir chapelles et églises, à la recherche du saint le plus en vogue qui pourra leur être d'une plus grande utilité. Avec quelle ardeur, même ceux qui se targuaient de n'être pas des dévots, promettent aumônes, pèlerinages ou communions. Je ne blâme pas ce recours *in extremis* aux saints : je suis persuadé que si nous avons besoin « pour passer », comme on dit, « d'un petit coup d'épaule » , ils sont capables de nous le donner. Mais ce que je ne comprends pas, c'est qu'on attende ce moment-là pour prier.

C'est bien là un des signes du manque d'esprit surnaturel de notre génération. Consciemment ou inconsciemment, on se croit assez fort et on veut se passer de Dieu. Quoi que nous fassions, le parole du Christ : « *Sans moi vous ne pouvez rien faire,* » demeure, et n'est-ce pas à ce naturalisme dans l'action qu'il faut attribuer le peu de résultat de nos efforts.

Si nous avons besoin du secours d'En-Haut, en tout et pour tout, puisque nous sommes totalement sous la main de Dieu ; j'ose dire, cependant, que de toutes nos facultés, c'est notre intelligence qui le réclame le plus impérieusement. Il y a en elle tant d'obscurités, d'ignorance, tant d'incohérences dans ses pensées ! Rayon échappé de l'intelligence divine, elle sent la nécessité de se rapprocher du point lumineux d'où elle est sortie, afin de se baigner dans des flots de clarté. « Il y a, écrivait Fénelon, un soleil des esprits qui les éclaire tous beaucoup mieux que le soleil visible n'éclaire les corps. Ce soleil des esprits nous donne tout ensemble et sa lumière et l'amour de sa lumière pour la chercher. Ce soleil de vérité ne laisse aucune ombre et il luit en même temps sur les deux hémisphères : il brille autant sur nous la nuit que le jour. Ce n'est point au dehors qu'il répand ses rayons : il habite en chacun de nous... Ce soleil ne se couche jamais et ne souffre aucun nuage que ceux qui sont formés par nos passions : c'est un jour sans ombre ; il éclaire les sauvages mêmes, dans les antres les plus profonds et les plus obscurs ; il n'y a que les yeux malades qui se ferment à la lumière. Et même n'y a-t-il point d'homme si malade et si aveugle qui ne marche encore à la lueur de quelque lumière sombre qui lui reste de ce soleil intérieur des consciences. »

Avant l'étude, mettons-nous à genoux auprès de notre table de travail et adressons au « *Père des lumières* » une fervente prière.

« Il est fort utile, pour bien apprendre, disait saint Thomas d'Aquin, de faire précéder de la prière la lecture ou l'étude. La Sagesse étant un don de Dieu, il ne faut pas tenter de l'acquérir sans la demander par une sorte de violence faite à Dieu par la prière » (1).

En ce temps d'anarchie intellectuelle, où au lieu de juger toutes choses selon la hauteur des règles éternelles, on les juge selon nos courtes vues humaines, nos passions et nos impressions du moment, invoquons cet « *Esprit de vérité* ». Il nous donnera le désir de la vérité, l'aptitude à la faire apprécier par les autres et nous préservera de l'erreur. Du fond du cœur, redisons-lui souvent ces paroles de Dante à Virgile : *Vous êtes mon maître et mon inspirateur.*

Tu sei lo mio Maestro, e'lmio autore.

Pendant votre étude, tenez-vous aux pieds de Celui qui a dit : « *Vous m'appelez maître, et vous dites bien: je le suis en effet* » (2). « Tournez constamment votre esprit vers sa clarté pour qu'aucune ombre d'erreur ou de doute n'en approche et ne ternisse l'éclat de votre foi. Vous maintiendrez fidèlement votre cœur dans son amour, pour qu'aucune souillure d'imagination ou de désir ne vienne obscurcir l'éclat de la beauté divine, que vous devez aimer par-dessus toute chose. Suivez le conseil d'Ampère. « Travaille en esprit d'oraison, écrivait-il à son fils. Etudie les choses de ce monde, c'est le devoir de ton état, mais ne les regarde que d'un œil ; que ton autre œil soit constamment fixé sur la lumière éternelle. Ecoute les savants, mais ne les écoute que d'une oreille ; que l'autre soit toujours prête à recevoir les doux accents de ton ami Céleste.

(1) *L'instruction des princes.*

(2) *Joan.* XIII. 13.

» N'écris que d'une main ; de l'autre, tiens-toi au vêtement de Dieu, comme un enfant se tient attaché au vêtement de son père. Sans cette précaution, tu te briseras infailliblement la tête contre quelque pierre. »

C'est encore à Lui qu'il faut avoir recours dans nos difficultés. Souvent la lumière est lente à se faire dans nos esprits. Les objections s'accumulent, la vérité disparait derrière d'épais nuages. Au lieu de nous obstiner à chercher seuls, jetons un regard sur notre Crucifix. Demandons au divin Maître de nous aider, de devenir notre collaborateur, et aussitôt nous ressentirons les bienfaits de son intervention. Ce qui était obscur, s'éclaircira.

« Un jour, raconte le père Gratry, dans *les Souvenirs de sa Jeunesse,* un vieux prêtre chargé d'inspecter le collège (Henri IV), ce dont ce collège se moquait fort, s'approchant de moi, me demanda si j'avais compris ma version. Je lui dis qu'elle était difficile, sur quoi il me donna ce conseil : « Mon enfant, quand vous aurez quelque difficulté dans votre travail, élevez votre esprit à Dieu et priez-le de vous aider, et Dieu vous aidera. » Je méditai pendant quelque temps cette parole, qui m'étonnait fort. Je faillis la rejeter d'abord comme une superstitieuse absurdité. Dieu, me disais-je, se mêle-t-il de mes versions ? A la fin, il me parut qu'en effet Dieu pouvait se mêler de tout, et de ce fait je mis le conseil en pratique. Cette pratique m'est devenue de plus en plus habituelle, et il est très certain que mes succès de collège lui sont dus en très grande partie, et qu'en tout genre de travaux et de difficultés dans toute ma vie, cette pratique a été ma force, et à peu près mon unique méthode. »

N'est-ce pas dans la prière que les plus grands génies, dont s'honore l'humanité chrétienne, ont trouvé les lumières de la science. Saint Thomas d'Aquin et son séraphique ami saint Bonaventure étudiaient toujours aux pieds du Crucifix ou auprès du Tabernacle, et ils nous ont dit eux-mêmes qu'ils avaient plus appris dans ce livre de la Passion du Sauveur qu'en aucun autre. Le mystique peintre Angelico de Fiesole ne prenait jamais son pinceau sans avoir passé de longues heures en oraison et, comme on l'a dit gracieusement, sans être allé au ciel, où il avait ses entrées libres, pour contempler ses divins modèles.

Est-il nécessaire de vous recommander le recours à Marie. N'est-ce pas dans ses bras que d'instinct vous allez vous jeter dans vos difficultés et vos angoisses ? La piété chrétienne ne s'y trompe pas ; après avoir invoqué l'Esprit-Saint, c'est à la Mère du Verbe qu'elle s'adresse pour obtenir la lumière. Aucun de ceux qui ont imploré son assistance n'a été abandonné. Une gracieuse légende rapporte qu'Albert-le-Grand étant étudiant à Padoue avait beaucoup de peine à pénétrer dans le sanctuaire de la science. Tous ses efforts étaient vains. Ce qu'il croyait comprendre devenait bientôt d'impénétrables ténèbres Il voulut alors dire adieu à l'étude et s'en retourner au foyer paternel. Mais volià que soudain sa chambre brille d'un éclat extraordinaire, et trois jeunes vierges d'une ravissante beauté se présentent à lui. L'une d'elles voulut connaître le motif de son découragement ; il répondit que c'était la pesanteur de son intelligence. La vierge alors le consola et lui dit de demander à sa Maîtresse ce qu'il désirait. Au comble du bonheur, Albert s'approche de la Reine du Ciel, se jette à ses genoux et la conjure de lui accorder une vaste connaissance de la sagesse humaine. Marie lui dit alors : « Qu'il te soit fait selon que tu le demandes ; tes progrès vont devenir si extraordinaires, que tu n'auras pas ton égal en philosophie. » Fort de cette toute puissante protection, Albert avança rapidement dans la connaissance des sciences et devint l'une des lumières de l'Eglise et une des gloires les plus pures de l'Ordre dominicain.

Il est une suggestion de M. Eugène de Margerie qui m'a toujours beaucoup plu, celle du *Benedicite* et des *Grâces*, avant et après le travail intellectuel.

« Je voudrais, disait-il, que le littérateur et l'artiste, ou simplement l'amateur, lorsqu'ils vont nourrir leur esprit, ou peut-être préparer un aliment destiné à fortifier et à charmer de nombreuses générations, je voudrais qu'eux aussi disent leur *Benedicite*. La forme à peine aurait besoin d'être changée : *Nos et ea quae sumus sumpturi benedicat dextera Christi* !

« Que la main de Notre-Seigneur Jésus-Christ, du Verbe Créateur, bénisse et dirige ce ciseau, ce crayon, cette plume que ma main va saisir ! et que l'inspiration, si elle m'arrive, descende toujours de vous, Seigneur. »

Et les *grâces* de celui qui vient de s'asseoir au banquet de l'intelligence ! où est l'âme chrétienne qui n'en ait plus d'une fois ressenti comme le tressaillement, qui ne se soit écriée :

« Soyez béni, mon Dieu ! vous qui avez inspiré à un de mes semblables de penser et d'écrire ces belles choses ! Soyez béni, vous qui, par l'esprit humain fécondé, avez trouvé tant de moyens de multiplier ce chef-d'œuvre, au point qu'il jonche les quais et que la plus chétive monnaie suffit pour l'acquérir ! Soyez béni pour tout le bien que cette parole répétée d'âge en âge a fait à des milliers d'âmes, à celles qui y cherchaient la consolation de leurs peines, et à d'autres qui, venant puiser à cette fontaine sacrée l'eau de la science humaine, ont été pris dans les pièges de la miséricorde divine, et s'en sont retournés chez eux les lèvres humectées et le cœur enivré de cette onde *qui jaillit jusqu'à la vie éternelle* ! » (1).

---

(1) *Lettres à un jeune homme sur la piété*, pages 220, 221.

XVIII

Paroles d'Espoir

Jeunes gens, en avant ! vers l'avenir ! Malgré les apparences contraires, l'avenir est à nous. Il est à ceux qui savent agir et espérer quand même. Aussi mon dernier mot sera un mot tout vibrant d'espoir.

Dans ses courses apostoliques, un jour, le Maître s'était arrêté au bord du lac de Génésareth. Assis sur l'herbe, où commençaient à percer les premières fleurs du printemps, Il enseignait au peuple les mystères du royaume de Dieu.

Une lumière, douce et atténuée, tombait lentement. Les ombres du soir s'étendaient sur le lac et estompaient les sommets des montagnes de Galilée. Une poésie infinie enveloppait toutes choses. Monotones et lentes, les vagues venaient mourir sur la grève.

Le Christ s'était tu. Silencieuse et recueillie, la foule attendait encore.

Tout à coup, le Sauveur se lève.

Passons à l'autre bord, dit-il.

Les disciples obéissent. Rapidement ils mettent à la voile. Jésus monte dans leur barque.

Le lac est tranquille et lisse comme une glace où se mire le firmament. Les rames se lèvent et s'abaissent en cadence, creusant un blanc sillage. Au souffle d'une brise embaumée qui vient du large, les embarcations avancent rapidement.

La journée avait été rude pour le Maître. Assis au gouvernail, la tête appuyée sur un oreiller, il n'avait pas tardé à s'endormir.

Au bout de quelques instants, sans que rien ne l'ait fait prévoir, une furieuse tempête s'élève. Les eaux s'émeuvent, se troublent, se dressent, terribles comme de véritables montagnes. La pauvre embarcation est livrée sans merci aux rafales du vent et aux fougueux caprices de la lame.

Depuis longtemps familiarisés avec le lac, qu'ils ont sillonné en tout sens dans leur rude métier de pêcheurs, les apôtres n'ont pas vu encore de tourmente aussi violente.

Ils s'inquiètent, ils tremblent. Un coup de vent peut les faire sombrer ou les jeter contre les écueils. Chaque minute augmente le péril.

Et tandis qu'ils tentent des efforts désespérés pour maintenir l'équilibre et lutter contre l'ouragan, le Maître dort paisiblement.

Croyant tout perdu, les disciples atterrés le réveillent.

Maître, sauvez-nous ! Nous périssons !

Alors Jésus se lève. Du geste il menace le vent, et lui, le maître de la nature, il dit à la mer :

Cesse de gronder ! Tais-toi !

A sa parole, comme des serviteurs dociles, le vent et les flots obéissent.

La nuit redevient calme, belle. Les nuages se dissipent. Les étoiles brillent au ciel d'une lumière aiguë. La lune vient bercer sa tremblante et pâle lumière sur les eaux endormies et jette sur le lac de douces teintes d'argent.

Cette scène du lac n'est-elle pas le symbole de la vie de l'Eglise ?

Elle s'en va, le soir du jour de l'humanité, vers la rive lointaine où elle a reçu l'ordre d'aborder. La tempête fait rage parfois, la barque de Pierre subit de rudes assauts. Jésus, comme autrefois, semble dormir. Les fidèles, épouvantés, en de pressantes invocations, le supplient de montrer au monde sa toute-puissance et d'humilier ses ennemis. Et alors le Christ, qui se joue de la colère des hommes aussi facilement que de la fureur de la mer, intervient et signale sa présence par de miraculeuses victoires. N'est-ce pas là l'histoire des siècles chrétiens ?

A peine sortie du Cénacle, la barque qui porte les destinées du Royaume de Dieu est assaillie par une violente tempête. Pendant trois cents ans, les maîtres de la terre publient des édits de mort. Ils veulent faire sombrer ce frêle esquif dans des flots de sang. Un pape tombe, aussitôt un autre prend sa place et saisit le gouvernail. Et au moment même ou les persécuteurs croient en avoir fini à tout jamais avec le superstition du Crucifié, le Seigneur se lève. L'orage se calme, et, dans le ciel, apparaît la croix libératrice.

Bientôt à l'Orient et à l'Occident, de nouveau le vent souffle en tempête. De terribles orages se préparent. L'hérésie va s'efforcer de faire ce que la haine et le glaive des persécuteurs n'ont pu accomplir. Elle a peur du sang, car l'expérience lui a appris que, depuis le Calvaire, rien n'est plus merveilleusement fécond. C'est par les subtilités de l'erreur et de la corruption des mœurs qu'elle veut détacher les âmes du centre catholique. Elle jette à poignée le mauvais grain dans le champ du père de famille.

Sans doute, l'Eglise a connu des jours de deuil et de tristesse, pleins de scandales et de trahisons ; mais toujours, même aux heures les plus sombres du grand schisme, de la réforme et des révolutions, fidèle à sa mission, elle a maintenu haut et ferme son vieil étendard. Elle n'a retranché ni un article de sa prodigieuse morale, ni un dogme de son Credo. Le Christ était là. Il pouvait paraître endormi, mais, divin pilote, il guidait la petite nacelle. Au temps marqué par les décrets de sa Providence, il envoyait au peuple chrétien, des docteurs et des saints, géants de la pensée et de l'action, semeurs de vérité et de sainteté, et de nouveau des jours se levaient, aussi pleins de promesses que les temps précédents en avaient été deshérités.

L'histoire n'est qu'un perpétuel recommencement. Ce que nos pères ont vu, nous en sommes aujourd'hui encore les témoins. Nous assistons à une poussée formidable des ennemis du nom de Dieu. Ici, ils emploient la violence, là, la ruse et la perfidie. Tous les moyens sont bons pour eux. Ce qu'ils veulent, c'est saper par la base et ruiner la puissance moralisatrice de l'Eglise. Nous les entendons parfois pousser des cris de victoire. Le bruit de leurs acclamations nous assourdit, le fracas des ruines qu'ils accumulent nous fait trembler.

A ce spectacle, la tristesse peut envahir notre cœur, mais le découragement jamais. Le Christ ne nous a-t-il pas annoncé ce qui nous arrive ? *Ils ne m'ont pas épargné, ils ne vous épargneront pas ; je vous envoie comme des brebis au milieu des loups ; vous serez pressurés dans le monde, car le monde vous hait et vous maudit.*

Ayons confiance dans l'avenir. L'avenir est à nous, comme il est à Dieu. Pourquoi lui demander de se hâter ? N'a-t-il pas pour lui l'éternité ? Ne savons-nous pas qu'il permet l'élévation scandaleuse de ses ennemis pour que leur chûte soit plus honteuse ; qu'il aime à les faire travailler à sa juste gloire, et cela sans qu'ils s'en doutent, afin de leur faire pousser des cris de rage et de désespoir au jour de son triomphe qu'ils ont eux-mêmes préparé ? Et surtout ne savons-nous pas que Dieu, qui connait mieux que nous le prix du sang et des larmes, permet ces épreuves pour notre sanctification !

Ayons foi dans la parole du Sauveur. Il nous a promis d'être avec nous jusqu'à la consommation des siècles, et que jamais les puissances de l'Enfer ne prévaudraient contre son Eglise. Le ciel et la terre passent, mais sa parole demeure.

Travaillons de toutes nos forces à lutter contre l'orage et à sauver des âmes du naufrage. Le Christ est avec nous, nous sommes invincibles. Nous pourrons souffrir, essuyer de cruelles blessures ; finalement, quand l'aube radieuse du dernier jour se lèvera sur notre monde fatigué, notre barque abordera triomphante au rivage de la bienheureuse éternité.

***

Notre étude sur la *préparation intellectuelle* nécessaire à la jeunesse pour remplir dignement sa mission dans notre société moderne est terminée.

En quittant le lecteur, je le prie humblement d'excuser les nombreuses imperfections de ce travail. En l'écrivant, je n'ai eu qu'un but, faire un peu de bien à de jeunes âmes, sœurs de la mienne, et les aider à remplir dignement la glorieuse mission qui leur incombe.

Si je n'ai pas réussi au gré de mes désirs, c'est que je n'ai pas su traduire convenablement ce que je ressens cependant bien vivement. Si j'osais, je m'appliquerais ce texte de l'Evangile, en le modifiant légèrement : *On lui pardonne beaucoup parce qu'il aime beaucoup.*

Je t'ai dit, ô Jeunesse, où tu devais prétendre,
Et ce que tes aînés se promettent de toi :
Si je te l'ai dit trop mal pour qu'on daigne m'entendre,
Qu'un des tiens, à son tour, le dise mieux que moi,

Qu'il le dise, et j'irai lui tendre la couronne,
Et je crierai, joyeux, en regardant vers vous :
Les jeunes gens sont forts, la race sera bonne,
Les hommes de demain seront meilleurs que nous (1).

Lille, 25 Décembre 1906.

Fête de la Nativité de Notre-Seigneur Jésus-Christ.

---

(1) Henri CHANTAVOINE. — *Au fil des jours* : Aux jeunes gens

APPENDICE

L'Index

Sa Légitimité. — *L'index*, dit le R. P. Hage, dans une série de remarquables articles qu'il a publiés sur *la Lecture*, et dont nous extrayons ce qui suit, *l'index* est un de ces mots qui ont le don d'exciter chez nos adversaires des récriminations, des révoltes, ou des railleries, et aussi de produire, chez les catholiques, un certain étonnement, voire même de rencontrer une opiniâtre résistance. Pour répondre aux uns et aux autres par un seul et même argument, je leur demanderai si une société a le droit de se défendre et de vivre en se défendant. Eh quoi ! personne ne songe à refuser à la société temporelle un droit de contrôle et de surveillance sur tout ce qui pourraient troubler sa paix et son repos. Aussitôt qu'une suspicion fondée s'élève contre eux, on les met dans l'impossibilité de nuire, et une société qui agirait autrement serait sévèrement et justement blâmée ! Plus que cela, un gouvernement temporel ne va-t-il pas jusqu'à interdire telle lecture ou telle pièce de théâtre, quand il s'y croit plus ou moins directement visé, ou quand il craint des complications avec un gouvernement voisin ? Qu'il y ait parfois en ces choses abus ou exagération, cela est possible, mais ce qui est incontestable, c'est le droit que possède toute société de pourvoir à sa sécurité, et par là même au salut de ses membres.

L'Eglise est une société, et ce n'est pas, je suppose, parce qu'elle a un but surnaturel, que vous viendrez lui dénier le droit d'assurer à ses enfants, en les prémunissant contre tout danger, l'obtention de ce but suprême. L'Eglise serait-elle donc la seule puissance au monde dans laquelle il fût permis de tout lire et de tout écrire ? Dépositaire de la vérité, elle doit garder intacte la doctrine qu'elle a reçue de son divin Fondateur ; gardienne des mœurs, elle flétrit de sa condamnation tout livre qui leur porte atteinte ou leur fait injure. Plus la fin qu'elle propose est pure et élevée, plus il faut que les moyens soient efficaces, plus il faut aussi que les obstacles soient écartés.

Aussi, de tout temps, l'Eglise a condamné les livres contenant les erreurs des hérétiques et des novateurs ; de tout temps, elle a défendu aux fidèles la lecture des écrits qu'elle a jugés contraires à la foi et à la morale, à la doctrine des Saints Pères et à l'enseignement catholique. Saint Alphonse de Liguori, dans sa dissertation sur l'*Index*, a recueilli une foule de faits où l'on voit le pouvoir suprême du Saint-Siège s'exerçant sur la revision des livres, à toutes les époques de tradition. Néanmoins, la découverte de l'imprimerie, multipliant les livres, et l'irruption du protestantisme, multipliant les erreurs, amenèrent les Papes à donner à l'Index une définitive organisation.

Organisation de l'Index. — Ce mot *Index* signifie *catalogue* ou *table*, et il s'applique à la liste des livres dont l'Eglise défend l'usage et la lecture.

Déjà, au cinquième siècle, le pape Gélase Ier avait, dans un concile, dressé une liste des livres que, selon son expression, les catholiques devaient éviter. Grégoire IX et d'autres papes suivirent cet exemple.

Le concile de Trente avait nommé une commission de dix-huit Pères chargés de dresser un Index des livres prohibés. Mais le travail de cette commission fut terminé trop tard pour que le concile pût le juger en détail et il fut arrêté dans la XXVe et dernière session qu'on le remettrait au Souverain Pontife, afin que, selon son jugement et selon son autorité, il fut définitivement rédigé et publié.

Le Pape Pie IV le fit, en effet, terminer, et il parut sous le titre d'*Index du Concile de Trente*. Le successeur de Pie IV, saint Pie V, dominicain, institua la sainte Congrégation de l'Index en 1571.

Elle est composée de vingt-six cardinaux, dont l'un est Préfet. Elle compte de plus trente-six consulteurs, dont dix-sept religieux. Enfin, le Maître du Sacré-Palais, qui est toujours un religieux dominicain, en est *assistant perpétuel*, et c'est un autre religieux dominicain qui en est le secrétaire.

Cette seule composition de l'*Index* suffit à démontrer avec quelle prudence, en cela comme en toute procédure, l'Eglise se plaît à agir, et de quelles garanties elle s'entoure avant de frapper un livre et son auteur. C'est faire acte de raison, aussi bien que de foi, d'obéir à des sentences aussi mûrement préparées et aussi sérieusement motivées.

Le Souverain Pontife Léon XIII, dont le vaste génie s'est

étendu à tout, a établi, dans sa Constitution *Officiorum ac munerum*, du 25 janvier 1896, le code des règles sur lesquelles la Congrégation de l'Index aurait, dans l'avenir, à asseoir ses jugements. Du même coup, il simplifiait les règles anciennes, les adaptait aux besoins des temps modernes et déclarait que seule sa constitution aurait force de loi, abrogeant sur ce sujet toutes les prescriptions des Pontifes précédents, à l'exception de la Constitution de Benoit XIV, qui commence par ces mots : *Sollicita et provida.* Enfin, en 1900, un nouveau catalogue officiel des livres condamnés était dressé.

C'est donc à ces graves documents que nous devons aujourd'hui nous référer, et pour les étudier comme il convient, il faut tout d'abord remarquer que l'*Index* est constitué de deux éléments, dont l'un comprend les règles générales, et l'autre, la table alphabétique des livres prohibés.

Règles générales de l'Index. — C'est une erreur de croire que seuls sont interdits les livres *nommément* désignés par l'*Index*, et que tout livre peut être lu jusqu'au jour où il est frappé par cette interdiction. Quand il nous arrive, à nous, directeurs de conscience, de défendre certains livres, volontiers et comme pour nous imposer silence, on nous répond : Oh ! ces livres ne sont pas à l'*Index*. Oui, sans doute, ils ne se trouvent pas mentionnés dans le catalogue officiel, mais cela ne suffit pas. Outre qu'ils peuvent être défendus par le droit naturel, — ce qui justifie amplement la sentence prohibitive que porte le confesseur et dont il est juge — il faut savoir que le droit ecclésiastique enveloppe dans des règles générales d'interdiction certaines séries de livres et certains genres de journaux, et que ces livres et journaux, qui rentrent dans les *Décrets Généraux* de la Constitution Léonine, sont prohibés au même titre que ceux qui sont nommément désignés dans le catalogue.

Et il faut qu'il en soit ainsi, attendu que la Congrégation de l'Index ne peut se mettre à la recherche de toutes les publications qu'enfantent les millions de presses qui fonctionnent jour et nuit. Elle n'examine que les livres que lui envoient et lui soumettent ceux qui ont à cœur l'orthodoxie de la foi et la pureté de la morale. C'est la minime partie. Il y a à peine cinq mille livres ou auteurs nominalement condamnés. *Quid haec inter tantos ?* Ce nombre est insignifiant en regard de toutes les productions littéraires — oh combien parfois ! — que chaque matin voit éclore !

Le danger est donc là, pressant, menaçant, de tous les instants. L'Eglise prétend l'écarter de nos pas, en nous donnant, dans les Décrets généraux (nous les avons rappelés au cours de ce volume, chap. VII), des signes avertisseurs, grâce auxquels nous reconnaîtrons le fruit défendu, sans qu'il nous soit besoin de l'ouvrir pour y apercevoir le ver qui ronge et pourrait nous empoisonner.

Des livres nommément prohibés. — Aux *Décrets Généraux* suit, dans l'*Index*, la liste, par ordre alphabétique, des livres condamnés. L'obéissance est ici d'autant plus strictement exigée que la prohibition est plus formelle et plus explicite et, partant, nous rend son objet plus facile à reconnaître. Un catholique, digne de ce nom, doit s'incliner humblement et respectueusement devant ces décisions de l'Eglise, et former d'après elle sa conscience pratique. Que s'il est lui-même l'auteur incriminé, il s'honore en se soumettant, et l'*Index* ne manque jamais, en cas de soumission, d'ajouter cette mention honorable : *L'auteur s'est louablement soumis.* Quant aux fidèles, ils doivent éviter cette lecture, comme dangereuse et dommageable à leurs intérêts spirituels.

Une double objection se présente d'ordinaire à ce sujet.

1° *L'index* ne condamne un livre que parce qu'il est dangereux. D'où il suit que si ce livre n'est pas dangereux *pour moi*, je puis le lire.

Et comment pouvez-vous affirmer que ce livre ne vous est pas nuisible ? Ne courez-vous pas le risque de vous tromper ? Et alors même que l'innocuité absolue d'une pareille lecture serait parfaitement démontrée, il resterait toujours que, tolérée à la rigueur par le droit naturel, cette lecture vous est défendue par le droit positif de l'Eglise, qui a le pouvoir d'intervenir et de décider en cette question. L'Eglise voit dans tel livre une *présomption de danger*, elle en fait le fondement de sa loi : cela suffit. Pour l'Eglise comme pour Rome ancienne, le salut du peuple est la loi suprême, et quand un danger est déclaré moralement universel, il appartient à l'autorité de déterminer le moyen de défense, auquel seront soumis tous les particuliers. Ajoutez à cela que l'Eglise, en interdisant un livre, veut lui ôter toute faveur dans l'esprit des fidèles et par là le faire disparaître à tout jamais de la circulation.

2° Pourquoi cette extrême sévérité, que montre l'Eglise, quand elle condamne *en bloc* tous les ouvrages d'un auteur ?

Disons tout d'abord que cette condamnation totale est bien rare. Pour prendre un exemple parmi les auteurs de langue française dans les temps modernes, je n'en connais point, en dehors de Zola, qui aient été frappés par cette condamnation globale. De Balzac, de George Sand, d'Alexandre Dumas, père et fils, les romans seulement — mais tous les romans — sont condamnés : les autres œuvres ne le sont pas. Voltaire lui-même a trouvé grâce devant l'Eglise pour quelques-unes de ses œuvres, telles que la *Henriade* et son *Théâtre*. La vérité est qu'en ceci, comme dans toutes les applications pratiques de ses lois, l'Eglise se montre condescendante et maternelle, et qu'elle ne se départ de cette maternelle condescendance que lorsque la foi de ses enfants est mise en péril. Mais aussi, quand le dogme est en jeu, elle se montre intraitable ; on la dirait irritée : c'est la sainte irritation d'une mère qui défend ses enfants ; c'est la noble colère d'une épouse, qui ne peut tolérer que l'honneur de son époux soit outragé. Et qui vraiment pourrait taxer de sévérité outrée la décision de l'Eglise condamnant, dans leur ensemble et dans chacune de leurs parties, les œuvres d'un homme qui, comme Zola, a sali nos gloires chrétiennes les plus pures, et s'est plu dans des descriptions qui ne peuvent provoquer, chez les honnêtes gens, que la répugnance et le dégoût.

Sanctions de l'Index. — Désobéir à une loi de l'Eglise constitue toujours une faute : désobéir à une loi en matière grave, et telle est la première sanction de l'*Index*. Que ce soit là la peine encourue par les transgresseurs de cette loi, il suffit, pour s'en convaincre, de lire les termes dans lesquels est conçue la condamnation de tout livre : « *Que personne, quelles que soient sa dignité et sa condition, n'ose à l'avenir* *publier, ou lire, ou retenir les ouvrages prohibés.* » La défense est formelle, et selon le témoignage des théologiens, lire d'un livre condamné une notable partie, et non pas seulement quelques pages, garder ce livre à la maison, à plus forte raison le publier ou l'imprimer, sont autant d'actes de désobéissance nettement caractérisée, et par conséquent autant de fautes graves.

La seconde sanction de l'*Index* consiste, pour tout délinquant, à se voir passible de la peine, punition ou pénitence, que l'Evêque pourra infliger.

Quant à l'excommunication, il est nécessaire de savoir, pour la tranquillité des consciences, qu'elle n'atteint plus aujourd'hui les transgresseurs de l'*Index*. Sans doute il existe une grave excommunication, réservée au Souverain Pontife, pour tous ceux qui lisent les livres des apostats ou hérétiques ; mais il faut que ces livres soient *nominalement condamnés par des Lettres Apostoliques*, c'est-à-dire, par un Bref, par une Bulle, par une Encyclique, etc. Or, les Décrets de l'*Index* ne sont pas des Lettres Apostoliques, et puisque en droit pénal il faut restreindre et réduire les termes à leur stricte valeur, nous sommes autorisés à conclure que, du seul fait de lire un ouvrage condamné par l'*Index*, les fidèles n'encourent aucune excommunication (1).

---

(1) Cf. Revue *Le Rosaire*, année 1904.

TABLE DES MATIÈRES

La préparation intellectuelle. — Les moyens.

EN PRÉPARATION :

Soyez
des
Hommes

par A. VUILLERMET

Lille, Imp. J. Guermonprez, 10, rue Malus

www.ingramcontent.com/pod-product-compliance
Ingram Content Group UK Ltd.
Pitfield, Milton Keynes, MK11 3LW, UK
UKHW021057230726
13926UKWH00004B/1902